「カレーの王子さま」開発責任者から
若き開発者への手紙
～ヒットのためのヒント集～

H・B 山越
H・B YAMAKOSHI

文芸社

本書は、「月刊クリンネス」（一般財団法人環境文化創造研究所クリンネス編集室）に連載されたものに加筆・修正してまとめたものです。

本文中の年月日は、当時のものをそのまま掲載しています。

若き開発者への手紙

◇◆◇

目次

第二章　ヒット商品の秘密を探る――33

第三章　先人たちのマーケティングに学ぶ

第四章　ヒットを引き寄せる発想・視点の転換

第五章　ヒットのために求められる12の力

第六章　素晴らしき閃きへのヒント――97

第七章　心理学から見るマーケティング――113

第八章　若き開発者への手紙　⑴己を磨く――129

はじめに

本書『若き開発者への手紙』は、香辛料では日本のシェアナンバーワンメーカーであるエスビー食品株式会社で三十二年以上にわたり商品開発の責任者として活躍し、日本初の幼児向けカレー「カレーの王子さま」、日本初の本わさび入りチューブワサビ「本生おろしわさび」「味付塩こしょう」など数多くのヒット商品、ロングセラー商品を手掛けた著者が成功のためのヒントやコツを簡単、明瞭にまとめたものです。本書は、業種を問わず次のような方々にお役立ていただけます。

1、人生や仕事で成功したい方へ：大切なヒントやアドバイスを与える本
2、クリエイティブな仕事を目指す方へ：重要な視点の転換や新たな思考方法を見つけだせる本
3、若手社員への指導にお困りの方へ：若手指導のためのヒントを見つけだせる本
4、スピーチでお困りの方へ：話のネタとなる格好の材料を見つけだせる本

さらに、本書は読書が苦手という人も気軽に簡単に読めるように、一ページ読み切りの

ビジネスエッセイ形式で書かれています。

1、目次から気になるページを見つけだし、つまみ読みすることができます。
2、各章のテーマに沿って、興味のある章から読み始めることができます。
3、忙しい人は、一日一ページを日めくりカレンダーのように読めます。
4、朝礼などのスピーチのときにパッと開いたページを読み上げ、簡単な感想を足せばそれだけで素晴らしいスピーチが完成するはずです。

本書が商品開発やマーケティングに関わる人々はもとより、あらゆる業種や職種で自己啓発を目指す読者のお役に立てることを願っています。

第一章　ヒット商品を作ろう

本章では、商品を開発する際に、長く人に愛されるための条件、アイデアの生み出し方、消費者ニーズのつかみ方、重要なことは何かなど、ヒット商品を作り出すために必要な基本をまとめました。

①ヒット商品の条件

ヒット商品の条件とは、「その商品の生産、流通、販売、消費に関わるすべての人々が幸せになれる商品設計であること」です。これは、商品が売れ続けるための必要条件であり、ロングセラー商品の条件でもあります。

その商品に関わる人々の中に少しでも不満を持つ人がいると、いつの間にかそれが原因で、販売構造が崩れていってしまいます。商品には値ごろ感というものがありますが、原価構造において生産、流通、販売という労働に対して相当の対価が支払われるべきであり、また消費者がその価格で十分満足する商品設計であるべきです。

このような理想的な商品設計のわかりやすい例として、旅行代理店で販売されている「閑散期の海外格安ツアー」があります。この商品をいつ誰が考案したのかはわかりませんが、構造的にはまさに、関わるすべての人々（旅行客、航空会社、観光地、ホテル、旅行代理店など）がみな喜ぶ商品設計であるといえます。

この「ヒット商品の条件」は、実は何百年も前から言い伝えられてきた近江《おうみ》商人の商売の心得に通ずるものであり、「三方《さんぽう》よし（売り手よし、買い手よし、世間よし）」という言葉そのものなのです。

「世間よし」を現代版に言い換えるならば、環境問題やエネルギー問題についても十分配慮された商品ということかもしれません。

②チェックリスト

ヒット商品を生むアイデアを見つけるためによく行われるブレーンストーミングですが、これをより効果的なものにするために、考案者のオズボーン博士は次の九つのチェック項目を挙げています。

①Other uses（ほかに用途はないか）、②Adapt（他に同じようなものがないか）、③Modify（色、音、匂い、形などの変更はできないか）、④Magnify（大きさ、時間、高さ、長さなどを拡大できないか）、⑤Minify（大きさ、時間、高さ、長さ、重さなどを縮小できないか）、⑥Substitute（材料、過程、場所、成分などを、他の何かに代用できないか）、⑦Rearrange（部品、成分、パターンなどの要素の配列、位置などを変えられないか）、⑧Reverse（逆にできないか）、⑨Combine（組み合わせられないか）。

自由な発想というと、闇雲に与えられたテーマに対して、ブレーンストーミングなどで自由な意見を求めようとしますが、人はなかなか固定観念から抜け出すことができません。そこで、テーマに対してキーワード（チェック項目）を設け、強制的に制限をつけた発想を求めるのです。そうすると普段は決して思いつかないようなアイデアにたどり着くことができるのです。オズボーン博士のチェックリストなどを参考に、商品開発者は自分なりのチェック項目を持ち、常に頭の中で活用できるように訓練し習慣付けておくことが重要です。

③ヒット商品発想法〜アイデアの整理

ブレーンストーミングなどの発想法を駆使して生み出した多くのアイデアの中から、ヒット商品に結び付くアイデアを見出すためには、玉石混交のアイデアの整理が必要となります。

このアイデアの整理に最もおすすめする技法が「[※1]ＫＪ法」です。ＫＪ法は、次のようなステップで行います。①カードの作成―ひとつのアイデアを一枚のカードに要約して書く。ここで最も重要なのは、一枚にひとつのアイデアだけ書くことです。②グループ編成―数多くのカードの中から似通ったものをいくつかのグループにまとめ、それぞれのグループに「見出し」をつける。③図解化―グループの関連性を矢印などで示して図解化していく。

アイデアがカードとして「見出し」ごとに整理されると、そのカードの数により出てきたアイデアの偏重を知ることができ、さらに「見出し」を図解化することで、足りない「見出し」の発見に役立ちます。このようにＫＪ法はアイデアの整理を行っていくなかで、出てこなかったアイデアを補強し、自分たちのアイデアの偏りを知り、修正していくことが可能な技法なのです。多くの「アイデアを生み出す技法」と、それらを「整理する技法」の両者が揃って初めて、「ヒット商品を生むアイデア」を効率よく生み出せるのです。

④ヒット商品発想法～概念移動

ヒット商品を生むための発想の広がりを大きく変えることのできる「概念の移動」についてお話しします。

仮に、鉛筆メーカーが、「我々は鉛筆屋だ」とあくまでも鉛筆に固執していると、色鉛筆や三角柱の鉛筆、消しゴム付き鉛筆、香り付き鉛筆、キャラクター鉛筆などという新製品開発で止まってしまうのです。

この自分たちの商売を「鉛筆屋」から上位概念の「筆記用具屋」へと概念移動すれば、シャープペンシルや万年筆やボールペンを開発するという発想に至ることができます。さらに自分たちの仕事は「活字を記録する手段を提供する企業」だという上位概念を持てば、タイプライターやワープロの開発、あるいはワードというソフトの開発も仕事のうちということになります。そしてさらに活字にこだわらず、とにかく「記録媒体」を生業にするのだという上位概念へ切り替えることができれば、音声や映像も含むデジタルカメラやDVD、ICレコーダーといった記録媒体の開発に至ることができるのです。

自分たちのなすべき仕事に対する概念の持ち方ひとつで、アイデアの広がりはいかようにも変化させることができるのです。真の目標を概念として認識し、上位概念と下位概念を自由に行き来できる思考方法を身につけることも、開発者にとっては非常に重要なことといえます。

⑤消費者ニーズをつかむ～調査のあり方

〝市場調査をすれば消費者ニーズは見つかる〟という思い込みは、商品開発者が最も恐れなければならない固定観念です。高い費用をかけて市場調査をすれば、ヒット商品を生み出すための「消費者ニーズ」をつかめるというのであれば、世の中はヒット商品で溢れかえっているはずです。

ヒット商品が生まれるきっかけは、そのほとんどの場合が、最初に感性ありきです。「こんな商品があればいいのに」「この商品はもう少しこうなっていればいいのに」などと、どこかで誰かがつぶやいたとき、そこに本当のヒット商品のニーズが隠されているのです。

市場調査はこのつぶやきの裏づけを調査するものであり、あいまいで不確かなつぶやきを数値化することにより、確かな裏づけデータにすることに目的があると考えるべきです。

そこで、「こんな商品があればいいのに」というつぶやきだけを上手に集めることができないかという疑問が湧いてきます。実はここで言う消費者のつぶやきとは、調査する際の質問の設定の仕方やニュアンスによって結果が誘導されてしまうものなのです。したがって、こちらが質問しないのに発せられた言葉こそ真実のつぶやきと考えるべきです。

消費者ニーズをつかむには、結局この真実のつぶやきを見極める「感性」が非常に重要だということです。

⑥消費者ニーズをつかむ～お客様の声

前頁では、こちらが質問しないのに発せられた言葉こそ真実の「つぶやき」であり、そこに消費者ニーズが隠されていると書きましたが、お客様相談センターに寄せられるお客様からのご意見、ご指摘、ご要望こそが、まさにこの真実の「つぶやき」なのです。

今さら何を当たり前のことをとお思いの方も多いと思いますが、誰でも知っていて誰でもできるが、意外と行われていないのが、この「お客様の声からの真の消費者ニーズの掘り起こし」なのです。ここで言うところの「真の消費者ニーズの掘り起こし」とは、単にお客様の声を統計学的に処理し、このようなご意見、ご指摘、ご要望が多いというようなデータを作ることではありません。

たった一人のお客様が言ったことでも、その言葉の裏に隠された「お客様が本当に望んでいることは何か」を突き詰めて考える作業ということです。さらに、お客様が望んでいることを実現するための知識と技術を持つ商品開発者が、自らこの作業を行うことが重要です。

したがって商品開発者は、まず、お客様の言葉の裏に隠された「本当のニーズ」を読み取る「感性」を持たなければなりません。そして「これはできない」ではなく、「こうすればできる」という前向きな姿勢で課題に取り組むことができれば、そこにヒット商品が見えてくるはずです。

⑦消費者ニーズをつかむ～トレンド

美術の世界ではデッサンをするときに行われる手法として、目の前にある立体を目を細めて観るという方法が知られています。こうすることによって細かな部分が消え、その立体の大まかな形や陰影が見えてくるからです。デッサンの上手な人は、いきなり細かな所を描き出したりしません。おおまかに物を捉えるのです。それが物の本質を捉えるコツです。

現代に溢れかえる情報の中から本質的な情報だけを捉えようとするならば、同じような方法が必要です。とりあえず、多くの情報を自分から遠ざけるようにしましょう。決して自ら情報を取りに行ったり、探しに行ったりしません。いきなり細かな情報に目を向けないことが肝心なのです。

このように意識したとしても情報を完全にシャットアウトするのは大変難しいことですが、そんな状態のときに入ってくる情報の中にこそ、本当に自分が必要とする情報や世の中で避けては通れない大きなトレンドのようなものが含まれているのです。情報に目を閉ざしたときに肌で感じたものこそ、本質的な情報だと思います。当事者としてではなく、第三者的に冷静に遠くから目を細めて観ることができれば、現在の溢れかえる情報の中から大きなトレンドを見極めることができるのです。それが一番、ヒット商品開発への近道となるのではないでしょうか。

⑧消費者ニーズをつかむ〜感性の磨き方

古くから、本物に触れて本物の良さを味わうことが、感性を磨くために必要であるといわれています。たしかに本物といわれる良いものを五感で感じる機会を増やすのは、感性を磨くことにつながると思います。

感性が磨かれてくると何が起こるかというと、レベルの低い作品や偽物に触れたときに「あれ？　何か違う」という違和感を覚えるようになります。どこが本物と違うのかということは、後からついてくるものなのです。それが感性の世界です。

ヒット商品を生み出すための消費者ニーズをつかむ感性を磨くには、自ら消費者の中に身を置き、五感で消費者を感じ取る機会を増やすことが重要です。女性用の商品を開発する人が、マーケティング調査をしなければ女性の好みがわからないようでは話になりません。まず、「これなら大丈夫」「これはちょっと違和感がある」などと、感性で感じ取り、それを確かめるためにマーケティング調査をするのです。

このようにして、自分の感性をマーケティング調査で裏づける作業を繰り返すことで、自分の感性レベルを知り自信につなげていくことができます。逆にせっかく違和感を覚えているのに、上司の顔色や周囲の空気を読んでそれを言わないでいると、その人の感性はどんどん鈍っていってしまうので注意が必要です。

⑨開発の重要ポイント

開発者が新製品を商品化するにあたって押さえておくべき重要なポイントは、「過去にどこかで同じような商品を発売していないかを確認すること」です。自分ではどんなに凄いアイデアだと思っても、似たような発想をする人は意外と世の中にはいるものです。まずは特許や実用新案などの知的財産権を侵害しないように先願をチェックしなければなりません。市場の歴史を紐解いていくと、すでに他社が同じようなコンセプトの商品を発売している場合が少なくありません。

そのような場合には、「わが社の代わりに、すでに市場テストをしてくれていたのだ」と考えれば、その商品が市場から消えていった原因が何であるかを冷静に検証することができます。

売れなかった原因は、発売時期が早すぎただけだという商品も、世の中には多く存在します。また、売れなかった原因が明確に特定できれば同様の失敗を事前に回避できます。そして、その原因さえ解明できればヒット商品につながる可能性も大いに広がります。逆に他社が過去に同じような商品を発売していなかった場合は、開発過程に致命的な落とし穴があって商品化できなかったのかもしれません。あるいはそれこそ、これまで誰も思いつかなかったヒット商品のヒントとなる素晴らしいアイデアなのかもしれません。

⑩ヒット商品開発の基本～具象化

あなたの頭の中にどんなに素晴らしいアイデアが詰まっていても、それを人に的確に伝えることができなければ、何の役にも立ちません。人の脳で考えるスピードは話し言葉の三十から五十倍あるそうです。したがって人には、考えたそばから今考えたことを忘れていってしまうようなところがあります。

人に自分が抱えている問題や悩みを話しているうちに、今直面している問題がより明確になり、話し終わる頃には自分自身で解決策を思いついていたというような経験はありませんか。話すということは、自分の考えていることを言葉として体の外に発する行為です。それは頭の中での思考スピードを落とし、思考の整理を行う結果をもたらします。

自分の考えを明確に整理するためには、さらにスピードを落とし、言葉よりも文字として表し、文章としてまとめてみることをお勧めします。さらに言葉や文章では伝えにくいものは、形にしたり絵に描いたりしてみることです。より人に伝わりやすくなりますし、良いところも悪いところも具体的に見えてきます。実は商品開発の基本は、この具象化にあります。「こんなものがあったらいいのでは」と思ったら、できるだけ最終形に近い試作品を作り、お客様が使用する場面を想定し、開発者自らが五感で確認することが重要です。

⑪ヒット商品開発の基本〜心構え

開発者が新製品を商品化することは、まだこの世にはないまったく新しいものを創造する行為です。したがってその過程においては、誰も予測できない事態が待っていることがしばしばあります。しかしだからといって、何が起きるのかを恐れているばかりでは、前には進めません。

「※2想像できることは必ず実現できる」。ジュール・ベルヌの言葉です。どのような壁に突き当たっても、「大丈夫、必ず乗り越えられる」と思えるポジティブな考え方がとても重要です。ポジティブシンキングという言葉を知識として知っているのと、実際にそのように思考できるということはまったく別です。その証拠に、知ってはいても自分の思考がネガティブに陥っていることに気づくことができない人は、意外に多くいます。

新たなものを創造するという行為には、必ずリスクが伴います。事前にリスク分析をして、その問題を乗り越えるシミュレーションをしておくのは非常に重要ですが、完璧を求めすぎるといつまでたってもスタートを切れない状況に陥ってしまいます。ある程度のリスク分析とその準備ができたら、「どのような問題も必ず乗り越えられる」と信じて、前に進む大胆さが求められます。

商品開発者には、緻密なリスク分析を行う繊細さと、積極的に前に進む大胆さの両方が求められるということです。

⑫ヒット商品開発の基本〜考え方

新製品を商品化するために、開発者にはこれまでとは違う新たな考え方が必要となります。新たな考え方、それは簡単に言えば「他人の考えないことを考える」ということです。開発者に必要なことは、「他人と違うことに興味を持つ」「他人と違う行動を取る」「他人と違う経験をする」「他人と違う知識を得る」「他人と違う考え方をする」「他人と違う意見を言う」ことです。ここまで徹底できて初めて、他人が考えつかないような新しいものを創造できるのです。

アフターファイブに同じ職場の人とは付き合うなとは言いませんが、いつも同じ仲間とばかり付き合っていると、同じ話題と同じ経験の共有にしかなりません。これでは他人が考えつかないことを思いつくきっかけが生まれません。開発者それぞれが別のことに興味を持ち、別の場所で別の人々と会い、別の情報を仕入れ、別の知識と経験を持ち帰り、それをもとに情報交換をすれば、どれだけ新たな考えが生まれてくるでしょう。

一時期、異業種交流会が流行りましたが、まったくの異業種の方々とのお付き合いの中には必ず新たな発見があるはずです。ひとつの業界の常識は、他業界ではまったく知られていない情報や技術であったりもします。人の持たない技術や知識や情報を持っていることは、必ずやヒット商品を作る大きな力となるのです。

※1　東京工業大学名誉教授の川喜田二郎氏が考案した技法で、カードシステムなどとも呼ばれます。

※2　Anything one man can imagine, other men can real.

ディナーカレーレトルトタイプ
1982年

第二章　ヒット商品の秘密を探る

本章では、誰でもよく知る歴史に残るヒット商品が、どのような考え方で生み出されてきたのか、主に※1オズボーンのチェックリストに照らし合わせて解説しています。具体的な事例を知ることで新たな商品を考え出すヒントになるはずです。

① Other uses（他に用途はないか？）〜亀の子束子

私たちの生活に密着し、百年近く使われ続けている商品に「亀の子束子《たわし》」があります。これだけ多くの洗浄用のスポンジや化学繊維の商品が販売されている今日でも、根強く使われ続けている超ロングセラー商品です。この「亀の子束子」は、東京は小石川で※2シュロの繊維で縄を結い、それを編んで靴の泥を落とす靴ふきマットを作っていた西尾正《にしおしょう》左衛門《ざえもん》という人が開発しました。明治時代の中頃、履物がわらじや下駄から靴へと変わり始めていた頃の話です。この靴ふきマットには、編んだ縄の繊維の間に泥がつまってしまうという欠点がありました。そこで、繊維を縦にして針金で補強し棒状のブラシを作り、それを組んだ靴ふきマットを考案しました。しかし、これも毛先の耐久性の問題で、在庫を抱えてしまいます。

そんなある日、奥さんが障子の張り替えで、桟《さん》を洗うのに靴ふきマットの半製品である棒状のブラシを曲げて使用しているのを見て、これだと閃《ひらめ》いたのが「亀の子束子」なのだそうです。靴の裏をきれいにするためのものを手に持つことにより、活躍の場を足下から手元に移動させ、まったく違うものに使用できることに気がついたのです。まさに「※3他に用途はないか？」と考えた結果が生み出したヒット商品なのです。

② Minify（小型化）～洗濯用コンパクト洗剤

大きなものを小さくしてヒットに結び付けた例として、家庭用洗濯洗剤の小型化が挙げられます。

一九七三年のオイルショック後の省資源ブームを背景に、一九七五年頃から洗濯用合成洗剤の第一次小型化が行われ始めました。しかし、このときはまだ省資源が目的で、従来の二分の一程度の小型化であり、本当の意味で主婦の心をつかむことはできませんでした。

第二次小型化は一九八七年頃から起こりました。従来の合成洗剤と比べて四分の一以下に小型化され、主婦の買い物の荷物や収納スペースの軽減に大いに役立ち喜ばれました。

当時は洗剤を計量もせずに大きな箱の振り出し口から直接振り入れるのが普通でしたが、コンパクト洗剤には計量スプーンが添付され、「わずかスプーン一杯で驚きの白さに」「スプーン一杯パワーが違う」などのキャッチコピーによって使いすぎを防ぐと同時に、タンパク分解酵素や脂肪分解酵素などを添加して、従来の洗剤では落とせなかった繊維の奥の汚れを落とせるようになったことを、わかりやすくアピールしました。

これらの工夫の積み重ねが、「これまでの四分の一の量で本当にきれいに汚れを落とせるのか」という主婦の不安感を除くことに成功したのです。まさに※4小型化によるヒット商品の誕生につながったのです。

③ Rearrange（再整理）〜レンズ付きフィルム

一般的なフィルム式カメラは、被写体に応じてシャッタースピードと絞りを決め、焦点を合わせなければ綺麗な写真は撮れません。また、フィルムを正しく入れたり巻き戻して取り出さなければならず、機械の苦手な人には手を出しづらいものでした。

メーカー各社は昭和二十五年頃から、より簡便で廉価なカメラを目指し、自動焦点カメラやカートリッジ式フィルムなどを開発してきました。しかし、それでも女性や子どもたちから「カメラは難しいもの」という意識を取り除くことはできなかったのです。そして、精密さを必要とする通常のカメラはどんなに頑張っても高価な商品のままでした。

そこで、行われたのが※5主従を逆転する（Rearrange）発想です。高価なカメラから部品や機能をそぎ落とすことによって簡便・廉価にするのではなく、フィルムにレンズやシャッターなどの最低限の部品を付加してカメラとしての機能を持たせたのです。これにより、撮影終了後はカメラごと写真屋に持ち込めば、現像されたフィルムと写真が戻される（カメラ本体は回収）という、これまでにない手軽で便利なレンズ付きフィルムが誕生しました。さらに「※6写ルンです」「撮りっきりコニカ」などのわかりやすいネーミングやフィルム様のデザインの採用などの工夫を重ねることによってヒット商品となりました。

刃のサイズや折れ線の角度などが世界標準となっている「折る刃式のカッターナイフ」が日本発のヒット商品であることを知っていますか。

OLFA《オルファ》創業者である岡田良男氏は、昭和十年代に大阪で紙の断裁業を営む岡田家の長男として生まれ、幼い頃から職人がガラスの破片の切り口を器用に使って、紙を断裁しているのを見て育ちました。このため職人たちがガラスの破片の切り口が甘くなり切れ味が落ちると、そのガラスをさらに欠いて新しい切り口を作り、切れ味を常に一定にして使用する技術を持っていることを知っていたのです。

成人して印刷会社に勤めた良男氏は、ここでも紙の断裁にナイフや剃刀《かみそり》の刃を使用していて、すぐに切れ味が甘くなって困っていることを知ります。このときに子どもの頃に家で職人が切れ味を維持するためにガラスを割っていたことを思い出し、※7 鋼《はがね》の刃をガラスのように割って、切れ味を常に保てる刃ができないかと考えました。そして、硬くて薄い鋼の刃を割るのに、板チョコのように鋼の刃にあらかじめ溝をつけておくことによって折るのはどうだろうという発想に至ったのです。

昭和三十一年、鋼の刃のサイズや折るための溝の深さや角度などの試行錯誤を繰り返すことによって、「折る刃式のカッターナイフ」という、今や世界百か国以上で販売されるヒット商品を誕生させたのです。

⑤ Biomimicry（生物模倣技術）～面ファスナー

「バイオミミクリ」（Biomimicry）という言葉を知っていますか？

バイオミミクリとは、人間社会の問題を解決するために自然界や生物の仕組みを研究し、そのデザインやプロセスを真似る、またはそこからインスピレーションを得るという新しい概念です。一九九七年に出版された『バイオミミクリ』の中で米国の研究者・コンサルタントであるジャニン・ベニュス氏が提唱しています。

しかし、それより半世紀も前に生物界の仕組みを研究し、今日では私たちの生活に欠かせないヒット商品を創り出した人がいました。

それは一九四八年のスイスでの出来事です。愛犬を連れて山奥へ狩猟に出かけたジョルジュ・デ・メストラル氏は、自分の服や犬の毛にたくさんの野生ゴボウの実がくっついていることに気づきました。不思議に思い、その実を顕微鏡で観察した結果、その実の周りには無数の鉤《かぎ》があり、その鉤が衣服や犬の毛にしっかりと絡みついているのを発見しました。これをヒントに、特殊ナイロン糸を使用して、無数の鉤と輪で構成された着脱自在な面ファスナーを創り出したのです。

日本では一九六〇年に「マジックテープ」という商品名で、株式会社クラレが生産・販売を開始しました。子どもの頃にオオオナモミの実（ひっつき虫）を友達と投げつけあって遊んだことを、ほのぼのと思い出します。

⑥[※8]Reverse（逆にできないか？）～眼鏡拭き

ヒット商品の誕生が新技術への挑戦によって生まれることはよくある話です。一般的に新技術へ挑戦する際には、まずその新技術がどのような成果をもたらすかを予測して行われます。しかし、そのような新技術への挑戦は常に成功するとは限りません。技術開発そのものには成功しても、予測通りの成果や効果が得られないこともあります。だからといって失敗であると決めつけてしまえば、話はそこで終わりです。

予測に反した結果も発想の転換でヒット商品につながる可能性を秘めています。なぜなら、その結果とは他の技術では導き出すことのできないものだからです。他にない結果を逆転の発想でプラスに転じることができれば、そこには大きなヒット商品につながるチャンスがあるのです。

東レ社は衣服の素材用にこれまでにない[※9]超極細繊維を開発しました。しかし、この繊維で織った布には汚れが付きやすいという、衣服の素材としては大きな欠点がありました。しかし、ここで逆転の発想をし、汚れが吸着しやすいなら衣服用ではなく、汚れをとる布として活用できないかと考えました。眼鏡拭きクロス「トレシー」はこのようにして誕生したのです。

今日では超極細繊維布は肌にも優しく汚れを落とす布として洗顔クロスなど多くのスキンケア商品にも利用され始めています。

⑦※10Serendipity（セレンディピティ）～ポスト・イット®ノート

一九六八年、3M《スリーエム》社は接着力の強い接着剤を目標に、ひとつの試作品を作りました。ところが「よくつくけれど、簡単に剥がれてしまう」なんとも奇妙な接着剤が出来上がり、明らかに失敗作となりました。しかし顕微鏡を覗いた研究者は、従来の接着剤には見られない不思議な現象を目にして直感したのです。「これは何か有効に使えるに違いない！」。社内のあらゆる部門にこの発見を紹介し、見本を配り、使い道はないかと聴きまわりましたが、具体的なアイデアは出ませんでした。

一九七四年のある日曜日、前述とは別の3M社の研究者はいつものように教会で讃美歌集のページをめくります。すると目印に挟んでいたしおりがひらりと滑り落ちてしまいました。またかと思った瞬間に閃いたのです。「これに、あの接着剤を使えばいいのだ！」。早速翌日から、「のりの付いた栞《しおり》」の開発に取りかかったといいます。

一九八一年、日本でも住友スリーエム社が販売を開始しましたが、売れない状況が二年間も続きました。企業や街頭で六十万袋ものサンプリングを実施したところ、「付箋として使えるサイズが欲しい」という要望があることがわかり、これに応えて、紙の先端を赤く塗ったポスト・イット®ノートを開発し販売しました。これが今日ではオフィスの必需品とまでいわれる大ヒットにつながったのです。

⑧ Color Marketing（カラーマーケティング）～シッカロール

「ベビーパウダー」はかつて「天花粉《てんかふん》」「汗知らず」などとも呼ばれ、「シッカロール」という商品名で地味なパッケージで売られていました。主な原料は※11タルクで、その土臭さを消すために微量の香料が使用されていました。一九六三年、和光堂はこの「シッカロール」の商品をリニューアルするにあたり、この香りも改善すべく、赤ちゃんを持つ母親や助産婦さんに「赤ちゃんをイメージする香り」のグループインタビュー調査を行いました。ところがその結果、出てきた赤ちゃんをイメージする言葉が、「かわいらしい」「柔らかい」「いとおしい」など、どれも抽象的で調香師泣かせのものでした。

そこで、赤ちゃんをイメージする「香り」ではなく「色」を調査し直したところ、こちらは共通した「イメージカラー」がはっきりと浮かび上がってきたのです。そのイメージカラーをもとに改めて調香師に「赤ちゃんをイメージする香り」作りを依頼したところ見事に成功したのだそうです。結果的にこの香りとパッケージに採用したイメージカラーがヒットに結び付きました。

今日、赤ちゃん用品の多くに使われている淡いパステルカラーのピンク・イエロー・ブルーという三色は、このときのインタビュー調査に基づく赤ちゃんのイメージカラーが原点だといわれています。

⑨ Targeting（ターゲティング）～パッケージツアー

一九六〇年代の日本で大卒初任給がまだ一万円前後だった頃、海外旅行には百万円かかるといわれていました。そんな時代に「アメリカではパッケージツアー（団体旅行）という割安な料金で海外旅行ができる制度があり、三十人ぐらい集まると、通常の三割程度の旅費で海外旅行ができるらしい」という情報をもとに、日本初のパッケージツアーを作り上げた人々がいます。当時の日本航空の定款《ていかん》では航空運賃はディスカウントできるが、現地ホテル代や他の交通費がディスカウントできない状況でした。このため、主要な旅行代理店との出資により「[※12]旅行開発株式会社」という新たな会社を設立し、このパッケージツアーを実現可能なものとしました。

最大の問題は、このパッケージツアーを誰に売るかということでした。実はこのとき「サラリーマンと違って農業従事者は農作業の繁忙期を外せば、比較的まとまった休日がとりやすい」という理由から、旅行代金捻出よりも旅行日程捻出の自由度の高い農家の方々を最初のターゲットとしたのです。この決断が功を奏し、農協団体として多くの農業従事者がハワイに出かけるという一大ブームが巻き起こったのです。一時期、海外旅行の団体さんには農協関係者が多いというイメージが定着していたのは、このパッケージツアー誕生に起因していたのです。

⑩※13Combine（組み合わせ）〜消しゴム付き鉛筆

二つのまったく正反対の機能を併せ持つことによりヒットに結び付けた商品があります。「書く」「消す」という二つの機能を組み合わせた「消しゴム付き鉛筆」です。これは一八五八年にアメリカ人の画家ハイマン・リップマン氏によって、消しゴムに持ち替えることなく描いたものを修正できる便利な鉛筆として考案されたものです。

この考え方の延長線上にある筆記具が二〇〇七年に株式会社パイロットコーポレーションから発売されました。ボールペンの本体についている特殊ラバーで擦ることによって本来は消せるはずがないインキを消すことができるという画期的な筆記具（フリクションシリーズ）です。これは六十五℃以上の摩擦熱で消えてしまう特殊なインキを開発し、使用することで実現しました。

温度変化で色が変わるインキ（登録商標：メタモカラー）の基本技術は、秋に野山が一夜にして紅葉する自然の力に驚いた研究者が、この魔法を解明し再現したいという思いで研究を重ね、一九七五年に開発に成功しました。この技術はグラスやカップの図柄に利用され、冷たい飲み物や温かい飲み物を注ぐと、木に花が咲いたり雪景色が現れたりするユニークな製品に応用されました。お風呂の中で遊びながら文字を覚えられる知育玩具や、設定した温度帯だけに鋭敏に反応し「飲みごろ」を表示する冷酒やワインなどの商品を生み出したのです。

⑪ Reverse（逆転してみたら？）〜種痘

世の中には物事を逆転して、どちらも成立させているものが多くあります。「電車」と「モノレール」ではレールの位置が上下逆さまです。同じように「ケーブルカー」と「ロープウェイ」、また、「雨樋」は雨を筒の中を通しますが、「レインチェーン」は外側を伝わせます。「道明寺」は「おはぎ（ぼたもち）」の餡ともち米を内と外とで逆転させた和菓子です。

しかし、このような物理的な逆転ではなく、問題に対する疑問を逆転することにより生まれた大発明があります。

一七二〇年代、イギリスでは天然痘に一度罹ると二度と罹らないことが経験的に知られており、天然痘の膿を皮膚に植え付ける人痘接種法が行われていました。しかし、全身に痘疱が広がり死亡する人もあり、かえって感染が拡大するといった安全性の問題がありました。そんな中で、開業医[※14]エドワード・ジェンナーは、乳搾りの女性から「私は絶対天然痘には罹りません。牛痘に罹ったことがありますから」という話を聴き、「なぜ罹るのか」ではなく「なぜ罹らないのか」と逆の疑問を持つことによって牛痘患者に着目し、より安全な種痘という医学史上最も偉大な発明のひとつを生み出しました。

画期的なアイデアを生み出すためには、物理的な逆転だけではなく、疑問を持つ視点の逆転も有効なのです。

⑫ Affordance（アフォーダンス）～名は体を表すネーミング

アフォーダンス[※15]という言葉は、ジェームズ・J・ギブソン（アメリカ知覚心理学者）により「与える、提供する」という意味の英語affordから生まれた造語です。デザインの世界においては、ドナルド・ノーマン（認知科学者）が物について「どう取り扱ったらよいか、強い手がかりを示してくれること」を指す言葉として使い始めました。

たとえば、丸いドアノブが付いていれば、ノブをつかんで回して押すか引けばドアが開くことを示していると認知できますし、ドアノブがなく平らな金属板が付いたドアは、そのまま押せば開くことがわかります。このように説明がなくてもデザインや形状を見ればどのように扱うべきかがわかるとき、「アフォーダンスがある」と言われます。

ネーミングの世界でこのアフォーダンスの考え方を活用してヒットに結び付けている企業があります。「ナイトシール」「のどぬ～る」「熱さまシート」「トイレその後に」などのユニークなネーミングでおなじみの小林製薬です。「名前を聞けば、何のための製品か、すぐ理解できる」「覚えやすく、リズム感があり、一秒でわかる」ことをネーミングの基本方針にしているのです。これはまさにネーミングによるアフォーダンスを目指しているといえます。「名は体を表す」とは、このことですね。

※1　アメリカの実業家であるアレックス・F・オズボーン（ブレーンストーミングの考案者）が考案した、アイデア発想のためのフレームワーク。与えられたテーマに対して九つのチェックリストに基づきアイデアを考案する方法①Other uses（転用する）、②Adapt（適応させる）、③Modify（修正する）、④Magnify（拡大する）、⑤Minify（縮小する）、⑥Substitute（置き換える）、⑦Rearrange（再構成する）、⑧Reverse（逆転する）、⑨Combine（組み合わせる）

※2　ヤシ科の樹木。

※3　オズボーンのチェックリスト①Other uses（他に用途はないか？）

※4　オズボーンのチェックリスト⑤Minify（小さくできないか？）

※5　オズボーンのチェックリスト⑦Rearrange（部品、成分、パターン等の要素の配列、位置等を変えられないか？）

※6　「写ルンです」は、富士フイルム株式会社の登録商標または商標です。

※7　オズボーンのチェックリスト②Adapt（他に同じようなものがないか？）

※8　オズボーンのチェックリスト⑧Reverse（逆にできないか？）

※9　超極細繊維（直径約二ミクロン）。

※10　セレンディピティ　意図せずに生じたり出会ったりした出来事を幸運に変える力。

※11　タルク　粘土から生成した無機物。

※12　一九九一年「旅行開発株式会社」は「株式会社ジャルパック」に社名変更。

※13　オズボーンのチェックリスト⑨Combine（組み合わせられないか？）

※14　イギリスの医学者。天然痘の予防において、人痘接種法より安全性の高い種痘法（牛痘接種法）を開発した。近代免疫学の父とも呼ばれる。

※15　知覚心理学者ジェームズ・J・ギブソン（米）によれば、「環境が動物に対して与える意味」のこと。

カレーの王子さま
1983年

第三章　先人たちのマーケティングに学ぶ

本章では、まだマーケティングなどという言葉が使われる前の時代に行われた歴史的で特徴的な販売手法について、現代におけるマーケティング用語に置き換えて解説します。先人たちの知恵に触れることによって、現代の課題解決に役立てることができます。

①市場調査〜近江商人

近江商人は、主に鎌倉時代から昭和にかけて活動した滋賀県（近江）出身の商人で、大阪・伊勢と並ぶ日本三大商人のひとつといわれます。その商売の原点は行商にあり、各地を巡り地域ごとにどのような特産物があり、どのような商品を欲しがっているかなどの情報を積極的に収集し、需要と価格の地域差を巧みに活かす商売をしました。現代でいう市場調査の活用です。上方《かみがた》や近江の地場の産物を関東や東北をはじめ全国各地へ「持ち下《くだ》り」、行商先である関東・東北など各地の産物（紅花や生糸など）を上方へ「登せ荷《のぼ　に》」をし、需要のある所には出店を、さらにその枝店《えだみせ》を出すなどして大店舗網を築き上げました。

商売に向かう姿勢は、売り手の都合だけで商いをするのではなく、買い手が心の底から満足し、さらに商いを通じて地域社会の発展に貢献すべきとする、いわゆる三方よし「売り手よし、買い手よし、世間よし」を実践しました。また「利真於勤（利は勤《つとむ》るにおいて真なり）」とし、買い占め、売り惜しみなどによる荒稼ぎをよしとせず、豪商と呼ばれるようになってからも、額に汗して働く行商の心を忘れぬよう、店の片隅に※1天秤棒《てんびんぼう》を掛けたそうです。

近江商人の流れをくむ現代企業は数多く、伊藤忠商事、丸紅、高島屋等々、数え上げれば枚挙にいとまがありません。

②広告戦略～三井高利

マネジメントやマーケティングの第一人者であるP・F・ドラッカーが、「マーケティングの元祖は今から約三百四十年前の江戸時代に創業した越後屋（後の三越）だ」と言っています。

一般的には世界初の百貨店は、一八五二年にフランス・パリに創業した「ボン・マルシエ」といわれていますが、実は三井財閥の始祖である三井《みつい》高利《たかとし》が一六七三年（延宝元年）に江戸に開いた「越後屋」は、すでに百貨店の元祖と呼ぶにふさわしいものでした。顧客のための仕入れ役を担い、顧客にふさわしい商品を企画し、店頭で定価販売をしました。顧客から求められれば、無条件で返品を受け、単一の技術や製品カテゴリーにこだわることなく、次々と新しい趣向の商品を幅広く品揃えするなど、現代でいう[※2]CSを実践していました。日本で初めてチラシによる集客を行ったのもこの「越後屋」だといわれ、一六八三年（天和三年）には広告効果測定まで行いました。雨が降ると越後屋のマークが入った傘を無料で貸し出すなど、現代でいうところの広告戦略もすでに行われていたようです。

日本におけるマーケティングという言葉は、一九五五年（昭和三十年）に先進工業国を目指す目的で米国に派遣された第一次アメリカ調査視察団が持ち帰ったとされていますが、実質的なマーケティングはこれより遥か昔、江戸時代から行われていたのです。

③「先用後利」販売と販促ツール～富山の配置薬

一六九〇年、富山藩第二代藩主前田正甫《まえだまさとし》は、江戸城で腹痛になった三春《みはる》藩主に富山で最も有名な薬「[※3]反魂丹《はんごんたん》」を服用させてその痛みを驚異的に回復させました。このことを知った諸国大名が富山売薬の行商を強く希望したため、正甫は全国どこでも商売ができる「他領《たりょう》商売《しょうばい》勝手《かって》」を発布しました。このことが富山の配置薬「おきぐすり」の起源となりました。

正甫の「用を先にし、利を後にし、医療の仁恵《じんけい》に浴びせざる寒村僻地《かんそんへきち》にまで広く救療の志を貫通せよ」という考え方から、その行商では消費者の家庭にあらかじめ医薬品を預け、半年ごとに巡回訪問を行って使用した分の代金を受け取り、さらに新しい薬を預けるという「先用後利《せんようこうり》」の精神を徹底した画期的な販売システムが構築されました。

また、商い・薬・人の信用という「信用三本柱」を大切にし、優良な顧客、使われた薬の種類や数、家族構成、集金内容などが書かれた今日の顧客データベースともいうべき「懸場帳《かけばちょう》」を作り、再訪問時の服用指導や情報提供に有効に活用していました。さらに行商に使われた[※4]柳行李《やなぎごうり》の中には薬とともに紙風船をはじめ、当時の歌舞伎の版画や、蓮《れん》華草《げそう》の種など軽いものが「おまけ」として入れられており、これらは日本最古の販促ツールとして配られました。

④ Channel（流通経路）～河村瑞賢１

江戸時代初期、巨大都市江戸への米の供給は関東平野だけでは賄《まかな》いきれず、物流網の整備が急務となっていました。陸運だけでは輸送量に限界があり、当時の海運網は数量も少なく、航海も困難で江戸までたどり着けないことも多い状況でした。そこで、寛文十年（一六七〇年）、幕府は当時すでにさまざまな公共工事を請負っていた河村瑞賢《かわむらずいけん》に奥州《おうしゅう》の年貢米を江戸に廻送《かいそう》するよう命じました。

命を受けた瑞賢は、まず配下の四名を奥州に遣って詳細に現地調査を行い、運送計画を立案しました。寄港候補地の山形県酒田まで詳細に確認し、積み替え地の荒浜に大規模な米蔵を建設。運送用の船舶には当時最も堅牢《けんろう》だった伊勢・尾張《おわり》・紀伊の船舶を使い、熟練水夫を雇い、寄港地として平潟《ひらかた》・那珂湊《なかみなと》・銚子《ちょうし》・安房小湊《あわこみなと》などを指定して幕府の威光を背景に配下の者を常駐させました。自身の船舶の優先的保護を幕府に保障させるなど、航路の安全性と確実性のための工夫を随所に施しました。

その結果、酒田から日本海を下った船が関門海峡を抜けて瀬戸内海に入り大阪に着くという西回り航路と、逆に北上し津軽海峡を経て太平洋を回航し江戸に至る北回り航路を、これまでにない確実な航路として確立しました。この航路を利用する北前船《きたまえぶね》が、後に「天下の台所」大阪、「大消費地」江戸の繁栄を支えたのです。

⑤ Needs（ニーズ）～河村瑞賢２

　河村瑞賢は一六一八年、伊勢の貧しい農家の長男として生まれ、十三歳で江戸へ出て車力（車曳《ひ》き）の仕事につきます。二十歳頃までは仕事もうまくいかず、夢破れて上方へ帰る途中、小田原宿で偶然出会った老僧に諭され再び江戸に戻ります。その途中、品川の海岸でお盆後の多量の胡瓜や茄子の精霊馬《しょうりょううま》※5が打ちあげられているのを見て、「これだ」と閃き、物乞いたちに銭をやり、それを拾い集めさせ漬物にして売り出し大儲けしたといわれています。この話は人々が捨ててしまった野菜を活用し、楽して儲けたという単純な成功談に聞こえますが、実はそんなに簡単な話ではありません。当時、漬物は家庭で作るものであり、商品として買うものではありませんでした。したがって、いくら安くても何の工夫もせずに売れるものではなかったはずなのです。

　瑞賢は車力として、木材などを運び出入りしていた土木・建築の現場の弁当事情をよく知っていて、肉体労働の職人たちなら塩分補給のできる漬物を喜んで買ってくれることを知っていたのです。常日頃から周囲の人々を注意深く観察しニーズを把握していた瑞賢だからこそ、「この商売なら儲けられる」と閃くことができたのです。

　瑞賢は、老僧や精霊馬との出会いを、福の神の仕業によるものと考え、「福神漬」と名付け売り歩いたという説もあります（諸説あり）。

⑥ Branding（ブランディング）〜松阪もめん

日本に初めて高度な紡織《ぼうしょく》技術を持ち込んだのは、五世紀後半、大陸から渡来した※6漢《あや》織《はとり》、呉織《くれはとり》と呼ばれる技術集団です。彼らが松阪《まつさか》に住み着いたため、松阪は古代日本における紡織の中心地になりました。

十五世紀になり、エジプトやインドを原産地とする木綿が日本に伝えられます。それまでの絹や麻と比較して暖かく丈夫な木綿は、当時の日本の衣料に革命を引き起こすことになります。

江戸時代、日本における情報の中心地は、お伊勢参りで全国から人々が集まる伊勢でした。松阪はその伊勢に近いことから、衣料をはじめとした全国の最新情報を知ることができる地となりました。幸いなことに温暖な気候と水はけのよい土壌、伊勢湾で捕れる鰯《いわし》を良質な肥料として使えるという条件が木綿栽培に適した地でもあったため、これまでの紡織技術との融合によって良質の「松阪もめん」を誕生させられたのです。遠目には無地に見えながら、よく見ると「千筋《せんすじ》」「万筋《まんすじ》」と呼ばれるすっきりした縦縞《たてじま》が走る粋な「松阪もめん」は、※7倹約令により着飾ることを禁じられていた江戸庶民の隠れたお洒落として大ヒットしました。

今でも歌舞伎の世界では縞模様の着物を着ることを「マツサカを着る」というそうです。それほど「松阪もめん」というブランドは定着しているのです。

⑦意味的有用性～平賀源内

平賀源内（享保十三年～安永八年）は高松藩の足軽身分の家に生まれ、十三歳から※8本草学《ほんぞうがく》を学び、蘭学、作家、画家といった多彩な分野で活躍しました。さらにエレキテルの修復や火浣布《かかんぷ》（石綿《いしわた》）、量程器《りょうていき》（万歩計）、磁針器《じしんき》（羅針盤）などを発明した江戸時代を代表する発明家でもあります。

あるとき、源内のもとに商売がうまくいかない鰻屋《うなぎ》が「夏に売れない鰻を何とか売る方法はないか」と相談に来ました。当時「丑の日に『う』の字がつく物を食べると夏バテしない」といわれ、鰻以外にも瓜、梅干、うどん、うし（牛肉）、うま（馬肉）などを食べる人々もいたようです。源内はこの風習に着目し「本日、丑の日」と書いた貼り紙を鰻屋の店先に貼ることを勧めました。すると、その鰻屋はその夏、大繁盛したということです。その後、ほかの鰻屋もそれを真似るようになり、土用の丑の日に鰻を食べるという風習が世の中に定着していきました。

鰻はビタミンA、B群が豊富で、実際に夏バテ防止効果が期待できる食品であったことがこの風習を今日まで伝承させ続けてきたともいえますが、マーケティング的視点では、一枚の貼り紙広告で、本来はただの鰻に夏バテ防止という意味的有用性を付加し、結果的に「土用の丑の日には鰻を食べる」という社会価値システムを創造したともいえるのです。

⑧カラーマーケティング〜近江蚊帳

西川産業は初代西川仁右衛門《にえもん》が一五六六年、近江国蒲生《がもう》郡南津田村で創業しました。はじめは各地に麻布、呉服、綿織物、蚊帳《かや》などの「持ち下り商品」を運んで売り、そのお金で仕入れて持ち帰った生糸、紅花、塩干物などの「登せ商品」の行商を行いました。

一六一五年、仁右衛門は、徳川家康が幕府を開き、人が集まり消費の中心地となった江戸の日本橋に蚊帳と※9畳表《たたみおもて》を専門に扱う店を出しました。当時、客層は御家人や旗本、大名が中心で、しかも畳表は、頻繁に張り替えることもなく売り上げが伸びませんでした。

そこで二代目甚五郎《じんごろう》は江戸の庶民にもっと蚊帳を売るよい方法はないものかと考えました。あるとき、江戸へ向かう箱根越えの途中、休憩しようと木陰で横になりました。すると、緑色の※10つたかずらが一面に広がる野原にいる夢を見ました。このとき、甚五郎は夢の中の若葉の色が目に映えるさわやかな気分を蚊帳に再現できれば、暑い夏の夜も少しは過ごしやすくなるのではないかと閃いたのです。

二代目甚五郎は、これまで麻生地のまま織られていた蚊帳を苦心の末、萌黄色《もえぎいろ》に染めることに成功し、さらに縁どりを紅色に染めて販売したところ江戸庶民の間で大評判となり、この斬新な萌黄色と紅色の組み合わせは近江蚊帳の代名詞といわれるほどのヒット商品となりました。

⑨トレンド（需要予測）～リチャード・アークライト

リチャード・アークライトは、イギリスに産業革命をもたらしたワットと並び称される起業家の一人です。アークライトは一七三二年、イングランドのランカシャー地方に生まれ、若くして理髪師兼かつら職人として働き始めます。しかし、かつらを作るより頭髪取引の方が儲かるとわかると直ちに転身し、頭髪やかつら用染料を求めて英国各地を訪れます。その際にさまざまな紡績業者と接触し、紡績業に関する最新情報を得て木綿需要の高まりや成長性を読み取り、時代の流れが木綿工業に向かっていることをいち早く察知します。そして、かつらの流行が廃れると今度は紡績業へと転身しました。

アークライトは生の木綿から綿糸を作る工程である※11梳綿《そめん》と紡績の機械化に興味を持ち、一七六八年には時計職人の協力を得て※12ジェニー紡績機を改良し、糸に強い撚《よ》りを与え綿糸の強度、長さなどの品質の向上を図りました。これにより綿糸の低価格大量生産が可能となり、イギリスにおける綿織物産業発展の基盤を築きました。さらに一七七一年、最新設備を備えたクロムフォード・ミル（当時最大規模の水力紡績工場）を作るとともに労働者のための住居やパブなどを伴う複合施設を建設し、高度に訓練された高収益の大規模紡績工業システムを確立しました。一七八六年にはこれらの功績により、ナイトの称号を授与されました。

⑩価格戦略～T型フォード

フォード社は一九〇八年に、4気筒《きとう》エンジン搭載、セミオートマチック変速装置、乾電池式添加装置を採用し、しかも決められた工程をベルトコンベアに乗せて流れ作業で作るという、これまでにない効率的で新たな生産方式による新型自動車（T型）を完成させました。当時、富裕層相手の自動車が三千～四千ドル、同クラスの他メーカーの自動車でも千ドル近い価格であったのに対し、このT型フォードは八百二十五ドルという低価格を実現し大衆車として大変な人気を集めました。フォード社はこの新製品についての記事や広告をアメリカ・デトロイトのあらゆる新聞に掲載するなど大々的な宣伝を展開し、北米のほとんどの都市にフランチャイズ方式の販売店網を確立しました。

一九二四年には、全米生産台数に占めるT型フォードのシェアは五十五パーセントに達し、それにつれて価格を三百八十ドル、その翌年には二百九十ドルまで下げました。このT型フォードの成功の背景には内燃《ないねん》エンジンの発明や油田開発などによるガソリンの普及がありますが、効率的な生産システムの確立により安価な製品を大量に生産・販売してシェアを伸ばし、労働者の高賃金を維持するこの規格化大量生産の思想は、「フォーディズム」と呼ばれました。二十世紀を「自動車の世紀」と言わしめ、アメリカの産業と交通に革命をもたらしたといわれています。

⑪セグメンテーション～ＧＭ社

第四十四回東京モーターショーが、今年（二〇一五年）も十月二十九日から十一月八日まで東京ビッグサイトで開催されています。第一回全日本自動車ショウが行われたのは一九五四年四月で、会場は日比谷公園でした。当時、一般家庭の三種の神器《じんぎ》は「電気冷蔵庫、電気洗濯機、電気掃除機」といわれ、自家用車などは夢のまた夢の時代でした。今日ではハイブリッド車や燃料電池自動車、自動停止装置付きの車など、その多様化には目を見張るものがあります。このような自動車産業の歴史からも先人たちのマーケティングを学ぶことができます。

一九〇八年に登場したフォードＴ型は、ヘンリー・フォードにとっては、これしかないという唯一普遍の車でした。これに対して当時ＧＭ社を率いていたアルフレッド・スローンは、後発メーカーとして市場の細分化を図り、「どんな財布にもどんな目的にもかなった車」をとキャデラックやビュイックのような多様なブランドによるピラミッド型の価格体系商品を多数用意して、シェアを奪いました。

このようなセグメンテーション（市場細分化）手法とマルチブランド戦略は、ほかの多くの製品分野でも後発企業に勝利をもたらしました。一九八〇年代以降、この市場を細分化するというマイクロ・マーケティング（Micromarketing）の流れは、今日の「※13ワン・ツー・ワン・マーケティング」につながっています。

⑫プロモーションの天才～エジソン

近年、夜の野外イベントで注目されているのはプロジェクトマッピングですが、その一方で一世代前の夜のイベントとして流行ったイルミネーションは、ＬＥＤ電球の普及により省電力化が進み、大規模化するとともに年末だけではなく年間通して行われるようになりました。

電球と言えばエジソンを思い起こしますが、彼が稀代の発明王といわれる所以は、彼自身が発明家であると同時にマーケティングの天才であり、特にプロモーションを通じて人々の心をつかむことに長《た》けていたからでもあります。

自分の発明した※14白熱電球の素晴らしさを伝えるために、電球を全身にまとって自ら広告塔となり道行く人々を驚かせたといいます。また、※15蓄音機を発明したときには、チベットのダライ・ラマやドイツ皇帝ウィルムヘルムの所にいち早く持ち込み、デモンストレーションを行ったといわれています。

特に有名なのは、パリ万博（一八八九年）で、万国博覧会初の夜間展示として一万個の白熱電球と千五百個の※16アーク灯を組み合わせた光のスペクタクルショーを行ったことです。まさに現代でいう大規模イルミネーションです。

エジソンは一九三一年十月十八日、八十四歳の生涯を閉じますが、その三日後の夜、時のフーバー米大統領の呼びかけで、全米が彼の死への追悼の意を込めて一分間消灯したといいます。

※1　両端に荷物を掛けて、ものを運ぶための棒。
※2　Customer Satisfaction ＝顧客満足。
※3　胃痛・腹痛などに効能がある丸薬の一種。「反魂」は死者の魂を呼び戻すという意味。
※4　柳で編んだ箱型の入れ物。
※5　ご先祖様の送り迎えにと、胡瓜と茄子に割り箸を刺して馬と牛に見立てたお供え物。
※6　中国の漢、呉から渡来した織工。
※7　享保の改革で徳川吉宗の行った一政策。
※8　中国で発達した医学に関する学問。
※9　イグサと麻糸で織ったござ。
※10　つる草の総称。
※11　採取した繊維を櫛でならして、繊維方向が揃った綿状の塊にする作業。カーディング、カード処理ともいう。
※12　糸の作成時間を短縮した複数のスプールがある糸車。
※13　従来のマス・マーケティングに対し、顧客一人ひとりに個別仕様のサービスを提供するもの。
※14・15　エジソンの三大発明とされる白熱電球、蓄音機、映画には、どれも先行発明や類似発明があり、彼は真の発明者ではないとする説もあります。
※16　一般的には炭素アーク灯を指す。電極に炭素棒を用い、空気中で放電させた際の発光を利用した照明。

味付塩こしょう
1986年

第四章　ヒットを引き寄せる発想・視点の転換

本章では、モノの見方を変えることにより価値が変わること、発想を変えることにより新しいものが見えてくることを、具体的な成功事例を挙げて解説します。今抱えている問題や課題の見え方が変わるはずです。

①ブランドへの意味的価値の付加〜神子原米

　TVドラマ『ナポレオンの村』の主人公のモデルにもなったスーパー公務員高野誠鮮《じょうせん》氏が、石川県羽咋《はくい》市で行った村おこしのための画期的な一手の話です。市内の神子原《みこはら》地区は、六十五歳以上の高齢化率五十四パーセントの※1限界集落です（平成十七年現在）。この地区で採れる米を「どうしたら有名ブランドにできるか」「有名人に食べてもらえば有名になるのではないか」「神子原という地名の神の子（キリスト）にちなんでローマ法王に召し上がっていただこう」と考えました。高野氏いわく、「ローマ法王に手紙を書いてみようと考える人はいますが、本当に書く人はほとんどいません」「何かを変えようと思ったら、行動を起こすしかありません」「馬鹿になって、一パーセントの可能性にかけてみるのです」「頭の中に描いた夢は実現できます。強烈に描けば描くほど実現できます」。

　そんな彼が「山の清水だけで作ったお米です。召し上がっていただけないでしょうか」と何度も手紙を書くうちに、ある日バチカン市国の大使館から呼び出され、出向いてみると「まさに法王に相応しいお米です」と言われます。多くのマスコミ報道もあり、「ローマ法王への献上米」として、その存在は日本中に知れ渡りました。それまでまったく無名だった「神子原米」というブランドに、「ローマ法王が召し上がるお米」という〝意味的価値〟を付加することで成功をもたらしたのです。

②ネーミングの変更～通勤快足、チョロQ

ネーミングは、[※2]マーケティングの4Pのひとつ「Product（製品）」を構成する多くの要素のうちのひとつに過ぎませんが、そのネーミングを変更するだけで大きく売り上げが変わることがあります。

レナウン社の抗菌防臭ソックスは、当初「フレッシュライフ」という商品名で発売されましたが販売が振るわず、『[※3]通勤快足』と変えた途端に、売り上げが十倍に跳ね上がりました。また、タカラトミー社のゼンマイ式動力を搭載したミニカー「豆ダッシュ」シリーズも『チョロQ』にネーミング変更した途端に爆発的なヒットとなりました。〝チョロチョロ走るキュートな車〟というブランドコンセプトと、『チョロQ』という商品名を掛け合わせたことで、「豆ダッシュ」のときのハード目線でのネーミングから、ソフト部分も想起できるようになり、商品名から本質がしっかり伝わってくるようになったのです。

良いネーミングにはそれ自体の持つ機能として、商品の特質を的確に伝える「伝達性」「インパクトの強さ」「言いやすさ」と、時代の変化にも耐える「普遍性」などの四つが求められます。また、マーケティングを構成するほかの要素との整合性も重要です。たとえば、ターゲットが主婦の場合とサラリーマンや学生の場合では適切なネーミングが大きく異なることは容易に想像できます。さらに、どのような価格帯や流通チャネルで販売するのか、予定しているプロモーションの内容などに対しても十分な配慮が必要です。

適切なネーミング変更は、売上低迷商品に対する強力な〝カンフル剤〟となり得るのです。

③素材の特質の見直し～曲げられる錫食器

富山県高岡市は四百年もの間、脈々と受け継がれた鋳造《ちゅうぞう》技術の街です。そんな歴史ある街に、新たな風が吹き出しました。

錫《すず》は金、銀に次ぐ高価な金属ですが、銀のように黒く酸化することがありません。また、金属特有の臭いがほとんどなく、優れた抗菌性を持ち、人体に無害でアレルギーにもなりにくい安全な金属です。

しかし、純度一〇〇パーセントの錫は、鋳物《いもの》の世界では加工が難しい上に出来上がった物が軟らかく簡単に変形してしまうため、商品にはならないとされてきました。そこで一般的にはマグカップや花瓶、装飾品などに、ほかの金属との[※4]合金として使われてきました。

株式会社能作は、この純度一〇〇パーセントの錫の「金属なのに軟らかい」という欠点に対し、「曲がるなら曲がることを活かしたものを作ろう」と発想の転換を行い「曲がる錫食器」を開発しました。

金属なのに柔らかく、入れるものによってその都度形を変えられる籠はフルーツバスケットにしたりワインスタンドにしたりと、使う人の工夫次第で可能性が大きく広がります。さらに、提供する料理や食シーンに応じて自在に形を変えられる食器は、「使用する人に工夫する楽しみ」を提供するという今までにない画期的な商品となりました。固定観念に囚われず、素材の特質を見直すことにより出来上がったヒット商品といえます。

④技術の用途変更〜食品サンプル

二〇二〇年の東京オリンピックを控え、※5インバウンドビジネスに注目が集まっていますが、日本人の「おもてなし」という、サービスに対するこだわりは世界に冠《かん》たるものがあります。

飲食店のメニューに※6シズル写真を載せているだけでも海外から見ると驚きのサービスのようですが、ショーウィンドウの中にある今にも湯気が立ちそうで食べてしまいたくなるような食品サンプルは、海外では決して見ることのできないもののようです。客を引き付けるだけではなく、メニュー名だけではわからない料理がどのようなものなのかを伝える重要なツールとして、言葉の壁を超えた、日本人がもともと持っている独自のインバウンド対応サービスといえます。

食品サンプルの歴史はその登場から約八十年になりますが、そこにはリアリティーにこだわる日本人だからこそ進化してきた技術があります。日本独自のもので、日本人がその価値をあまり自覚しないでいたもののひとつです。海外から見ればとても興味深く、国に持ち帰って友人や知人に「こんな面白いものを日本で見つけた」と自慢したくなる、そんな魅力があるのでしょう。

海外からの評価によって、その食品サンプルは本来の目的とは別に、技術はそのままでミニチュア化され、お土産として、さらにアクセサリーとして販売されるようになりました。

⑤コア技術の市場転換〜魔法のフライパン

三重県の自動車部品メーカー錦見《にしきみ》鋳造《ちゅうぞう》株式会社はバブル崩壊後、価格競争に悩まされ続ける下請けからの脱却を図り、自社ブランド製品の開発に乗り出します。開発にあたっては多くの人々に愛される商品として、食に関わり、かつ自社の鋳物技術を活かせるフライパン作りに挑戦することにしました。

炭素を含む鉄鋳物《てついもの》製のフライパンは、鉄と炭素の隙間に油を馴染ませることで、料理が焦げ付きにくくなり、しかも炭素の持つ遠赤外線効果によって、素材の中心までしっかりと火を通すことができます。アルミ製フライパンのテフロン加工の寿命がおよそ一年なのに対して、鉄鋳物製のフライパンは長持ちし、上手に手入れをすれば一生ものになります。

一般的に鉄鋳物で外径二十六センチほどのフライパンを作る場合、厚さ五ミリ、重さ二、三キロが強度的に限界とされていました。しかし、これではプロは使えても主婦には重すぎます。軽量化目的で、むやみに薄くすれば鋳物は割れやすくなってしまいます。そこで、炭素の配合を微妙に変えた試験を九年間にわたって繰り返し、二〇〇一年、ついに強度的に技術の限界とされた厚みの三分の一以下の超軽量鉄鋳物製フライパン（外径二十六センチ、厚さ一・五ミリ、重さ九百八十グラム）の開発に成功しました。そして、その魔法のような軽さから「魔法のフライパン」と名付けてヒットさせたのです。

⑥視点の転換（海外視点１）〜ランドセル

日本人にとっては当たり前の商品が、文化や生活習慣の違う外国人から機能やデザインの素晴らしさを再評価され、思わぬ活用法を見出されヒットすることがあります。

日本のランドセルは義務教育である小学校の六年間、毎日使い続けることができるように非常に丈夫に、しかも機能的に作られています。小学生の持つものとしては、ブランドバッグ並みの高価な鞄といえます。

今、このランドセルの機能とデザインが日本にしかない鞄として、世界のファッション業界で注目されています。きっかけはハリウッド女優ズーイー・デシャネルさんが使っている姿がネット上に流されたことによります。これを受けて、ファッションに敏感な外国人男性がランドセルを背負ってバイクに乗る姿がネット上（※7 Instagramや※8 Pinterestなど）を賑わせたりと、男女問わずお洒落で機能的でクールな鞄として、また中身がつぶれない買い物用バッグとして、その品質の良さも手伝い世界中から注目を集めています。

この海外での人気を受けて、二〇一四年に関西国際空港の免税店でランドセルを売り出したところ、お土産に購入する外国人が後を絶たず、月に百個以上売れているそうです。「ランドセルは子どものもの」という固定観念を変えて、海外視点で日本の商品を見つめ直すのも面白いですね。

⑦視点の転換（海外視点２）〜弁当箱

ファッションの中心といわれる、フランスのパリ。そんなパリで「日本に関わるもので知っているものは？」と尋ねれば、多くの人が漫画やアニメの名前やキャラクターを挙げるそうです。日本の漫画人気は一九七八年、フランス国営第二放送（現・フランス２）が[※9]日本のアニメを放映し始めたのがきっかけで、その人気は一九九九年の「[※10]ジャパンエキスポ」開催へとつながり、三十五年以上たった今も衰えていません。

フランスでは今、日本の弁当文化にも注目が集まり始めています。汁物でも漏れる心配がなかったり、保温性があったり、キャラクター付きがあったり、高機能で便利で楽しい日本製の弁当箱が「クール」だと大人気です。来日してお土産に弁当箱を買って帰る観光客や、実際にランチを弁当箱に詰めてブログにアップする人も増えています。これまでフランスパンにチーズやハムやサラダを添えて、タッパウェアかラップやホイルに包んで紙袋に入れていた人々が、日本製の弁当箱を手にして、ランチに持っていく食材の種類や数を増やし、弁当箱のふたを開けるときのワクワク感を味わい楽しむようになったのです。

今年（二〇一六年）、フランスの誇る高速列車ＴＧＶが発着する国鉄リヨン駅構内に、日本の駅弁の売店がオープンするそうです。「ベントー（Bento）」は今や国際語となりつつあるのです。

⑧欲張り視点～フロントホック・ブラ

一九七八年にワコール社が大ヒットさせた「フロントホック・ブラ」は、それまでの「女性の胸を美しく見せるためのもの」という概念から離れ、実は「背中も美しく見せたい」という欲張りな潜在ニーズに気がつくことで誕生しました。

女性用アンダーウェアの世界では、春夏シーズンは薄着に備えて胸のラインを美しく見せる下着を、秋冬シーズンにはガードルを販売するのが通例でした。ワコール社は一九七七年の秋、ガードルの宣伝用ポスターとしてモデルを美しく見せる後ろからのショットを撮影しようとしていました。しかし、後ろ姿全体を美しくするには、ブラジャーの後ろ留めホックが邪魔だったため、後ろ留めホックがないものを撮影用として特別に作りました。

ところがこのポスターを見た女性社員や消費者から、「この商品が欲しい」と問い合わせや要望が殺到したため、商品化を決めました。

結果的に、「まず前でホックを留めてから、後ろに回す」といった着用時の手間に対する不満も同時に解消する大ヒット商品を生み出すことに成功したのです。

商品本来の目的とする機能以外の部分に潜む不満や欠点を除くことで、大ヒットに結び付けられるというヒントを与えてくれています。

⑨トレンドへの逆行〜「なんてったってアイドル」

マーケティングにおいてトレンドを捉えるということは重要ですが、トレンドに乗ったマーケティングは、よほどの品質差がなければ世の中の流れに埋没してしまいます。それを考えると、あえて流れに逆らい、人がやらないことをやって目立つことでヒットにつなげるという考え方も、あながち間違っているとはいえません。当然、それなりに品質に自信がなければできない戦略ですが、リスクのないところには成功もありません。

一九八五年、世間には「戦略で作為的に作られたアイドルは受け入れない」という風潮が現れ、〝普通の女の子〟に注目が集まりました。まさに、アイドル冬の時代です。しかしながら、そんな時代に逆行した曲が大ヒットしました。小泉今日子さんの『なんてったってアイドル』です。〝ありのままに生きていく〟ことが難しい現代で『アナと雪の女王』がヒットしたのも同様の現象といえるでしょう。

トレンドを追いかけて模倣するということは、「遅れた時計は、一日中正しい時間を示すことがない」という状況に似ています。これに対しトレンドに乗らないという戦略は「壊れて止まった時計でも、一日に必ず二回正しい時間を示す」という考え方に近いものです。トレンドを捉えた上で、その流れに乗るだけがヒットへの道とは限らないと知ることも大切です。

⑩引き算発想～ウォークマン

現在、ご自分のスマートフォンや携帯電話、あるいはパソコンやそのほかの家電製品の機能をすべて理解し、完璧に使いこなしていると言い切れる人はどれほどいるでしょう。他社との差別化を図るために機能の足し算が行われ続け、どう見ても余分な機能が満載された商品が溢れかえっていると思うことはありませんか。

『星の王子さま』の作者サン・テグジュペリはこんなことを言っています。

「完璧がついに達成されるのは、何も加えるものがなくなったときではなく、何も削るものがなくなったときである」

マーケティングの世界では、商品の「品揃えの引き算」や、「顧客ターゲットの引き算」、商品開発における「機能の引き算」などが力を発揮するといわれています。

「機能の引き算」が生んだ伝説的なヒット商品が一九七九年発売のソニーの「ウォークマン」です。大切なことは単に「無駄を省く」「余分なものを取り除く」のではなく、そこに新たな価値を生み出せるかどうかです。「ウォークマン」の場合は録音機能を省くことによって、軽量小型化、低価格を実現し「いつでもどこでも好きな音楽を聴くことができる」という若者たちの大きな潜在需要を捉え、これまでになかった新しい商品価値を生み出しました。ときには引き算発想で、自社の商品や業務を見直すことも面白いかもしれません。

⑪機能コントロール～カラーリンス

マーケティングにおいて一般的にヒット商品を創るには、増分効用（これまでの商品との利便性の差）が大きいほど良いとされていますが、資生堂社はヘアカラー（髪染め）の機能である「いかに短時間にしっかりと髪を染めるか」という開発方向に対する固定観念を覆《くつがえ》し、「いかに自然にゆっくりと髪を染めるか」という※11染色機能をコントロールした商品を開発し、ヒットにつなげました。

ヘアカラーの用途には、お洒落を目的として髪を染める場合と、白髪を隠す場合があります。若い人がお洒落で髪を染める場合とは違い、白髪を染める場合、使用者は染めるたびに自分の年齢を意識してしまいますし、「白髪を隠すという、うしろめたさ」のようなものを感じてしまう人もいます。

ヘアカラーの場合にはしっかりと染まる分、日がたつにつれて生え際の白髪がどうしても気になります。カラーリンスは「今日は髪を染める日」という特別な日をなくし、毎日洗髪後、普通に髪の手入れとしてリンスをすることで白髪を目立たなくするので、生え際の白髪が気になるようなことはなく、白髪について強く意識する機会も少なくなります。髪染めの基本機能をコントロールすることによって生まれたヒット商品ですが、使用者に対しての優しさが感じられる商品でもあります。

⑫制限型発想〜100円ショップ

ヒット商品を生み出す発想法にはいろいろな方法が知られていますが、「制限型の発想」は非常に有効な方法です。人は何の制約もなく自由気ままにアイデアを出すよりも、一定の制限を設けられた方が独創的なアイデアを出しやすくなるからです。通常の二分の一とか十分の一の価格など、普通に考えていたら不可能と思われる制限を加えられたとき、人はこれまでの常識から離れなければその課題をクリアできないことに気がつきます。物事の原点に立ち返ってゼロから考え直さなければいけなくなるのです。このような思考が、これまでにない新しいものを生み出します。

制限型発想の典型的な成功事例としては、「百円ショップ」が挙げられます。出店当初は百円で販売できる商品の単なる寄せ集めで、品質的にも「安かろう悪かろう」というイメージでしたが、今や「どうしてこれが百円で販売できるのだろう」と驚く商品も多くあります。百円という価格制限が供給業者を刺激し、それを実現するための工夫やアイデアを次々に生み出させたのです。結果として品揃えも豊富になり大きな市場を形成することができました。「百円均一」という販売方法は店舗における価格表示の手間を省き、消費者にはカゴの中の品数を数えるだけでいつでも合計金額を簡単に計算できるという安心感を生み出し、ヒットにつながりました。

※1　六十五歳以上の高齢者が住民の五十パーセントを超えた集落。自治会活動や祭礼の維持など共同体としての機能が衰え、消滅に向かうとされる。
※2　Product（製品）、Price（価格）、Promotion（広告・宣伝）、Place（流通）
※3　「通勤快足」は、株式会社レナウンインクスの登録商標です。
※4　ピューター（Pewter）、別名しろめ（白目）。スズを主成分とする低融点合金。アンチモンを加えたものをブリタニアメタルともいう。アンチモンの代わりに鉛、銅、ビスマスを含むこともある。
※5　来日した外国人を対象としたビジネス。
※6　食品の味わいを想起させること。
※7　インスタグラム。画像共有の英語版無料アプリケーション。
※8　ピンタレスト。掲示板風の英語版写真共有のウェブサイト。
※9　『ゴルドラック』（邦題『ＵＦＯロボ・グレンダイザー』）
※10　ヨーロッパ最大の日本文化とエンターテインメントの祭典（一九九九年〜）。
※11　「資生堂カラーリンス（ナチュラルシリーズ）」一九九一年発売。

本生おろしわさび
1987年

第五章　ヒットのために求められる12の力

本章では、ヒット商品を生み出すことのできる人とは、普段からどのような考え方をするべきなのか、どのような資質を身に付けるべきなのかについて、12の力として解説しています。自身の持つ資質や部下の持つ資質に欠けているものがないかチェックすることによって、より良いモノづくりに役立てることができます。

①自助・自立力〜（期待される人）

第三十五代アメリカ大統領J・F・ケネディが就任演説で述べた「※1国が何をしてくれるかではなく、あなたの国のために何ができるかを問うてほしい」は、「自助・自立の精神」を国民に問いかけた言葉として有名ですが、アメリカ人の「自助・自立の精神」を支えたとされるのは、エルバート・ハバード著の『ガルシアへの手紙』（一八九九年）という短い物語だといわれています。人間は自分でものを考え、気づき、自らの手で何とかしようと行動しなければ、いつまでたっても真の成長を遂げることはできないとし、成功に最も必要なのは自助・自立の精神にあることを強く説いた物語です。日本においては、「天は自ら助くる者を助く」という言葉で有名な「※2自助論」と福沢諭吉の「学問のすゝめ」（一八七二年初編）がこれにあたります。

商品開発の世界では、お客様のニーズを求め、「このような商品を創れば売れる」とわかっても、それを具体的な商品として実現する力や技術力がなければ、事前のマーケティング調査も絵にかいた餅に終わってしまうのです。そこで目の前の課題に対して、難易度を問わず、言い訳をせず、依頼心を持たず、自分の力で全知全能を傾けて解決しようとする人、そんな人材が常に求められるのです。「あの人に頼めばきっと何とかしてくれる」、そんな開発者でいたいものです。

②意志力～（目標に向かう強い心）

伝説的なキプロス王ピグマリオンが、自ら作った象牙の少女像に恋をし、結婚したいと毎日強く願っていると、ギリシア神話の美と愛の女神アフロディーテが現れ、その像に生命を与え、二人はめでたく結婚できたという逸話から、「願いつづけたことが現実化すること」を心理学では※3ピグマリオン効果と呼ぶそうです。人は夢や目標を持ち、それを強く願い続ければ、おのずと日々その目標に向かって正しく小さな選択を重ね始めます。これが現実に成功を導くのです。

商品開発者にも、この「ピグマリオン効果」の法則が成り立ちます。すなわち、自分の手掛ける商品のヒットを強く願えば願うほど、ヒットする確率は上がるのです。ヒットを強く願い続ける開発者と、言われたことを仕事として淡々と行う開発者とでは、結果が違ってくるということです。ヒットへの思いが強ければ強いほど、「その商品に関わるどんな些細な情報も漏らすまいとするはず」「その商品に関わるどんな意見にもきちんと耳を傾けるはず」「その商品に関わるどんな些細なことにもこだわるはず」だからです。

ドイツの文豪ゲーテは「自分にできること、夢見られることがあれば、何でも始めよ。大胆に動けば、才能も力も魔法も花開く」と言っています。目標に向かう強い心が周囲の協力をも呼び込み、ヒットを生み出すのです。

③優しさ力〜（他者への思いやり）

「タフでなければ生きていけない。優しくなれなければ生きている資格がない」[※4]という台詞は、米国のハードボイルド作家レイモンド・チャンドラーが小説『プレイバック』の中で主人公の私立探偵フィリップ・マーロウに言わせた言葉として有名ですが、商品開発の世界では「開発者はタフでなければ仕事はできない。優しくなければヒット商品は創れない」といえます。

商品開発において求められる基本姿勢は「他人の立場になって考える」ことであり、自分を取り巻くすべての人や社会や環境に対する思いやりや優しさが必要です。この商品を発売したら、「工場の人々はどんな思いで生産してくれるのだろうか」「営業はどのような思いで売ってくれるのだろうか」「小売店主はどう思うのだろうか」「お客様は店頭で手にとってどう感じるだろうか」「買ってくださったお客様は使ってみて笑顔になるのだろうか」、そんな人々に対する優しさや思いが必要なのです。その優しさや思いがお客様に届くことによって、ヒット商品は生まれるのです。

近江商人の商売哲学に「商は笑にして、勝なり。笑を昇ずれば商は勝なり。笑を省ずれば、商は小なり」という言葉があります。マーケティングとは商売を通して「人を笑顔にすること」なのです。

市場調査を行う場合、調査目的、対象の属性・数、質問項目・組立・順番、用語の吟味・選択などの詳細にわたる計画書がなくては、結果から得られるデータの信頼性が疑われます。製品開発の場合、調査のやり直しは、その後の開発時間短縮を余儀なくされます。「※5時は金なり」と言ったのはアメリカ合衆国建国の父の一人とされるベンジャミン・フランクリンですが、タイムリミットのある仕事には、この言葉の意味が重くのしかかります。

新製品開発の場合、発売日に間に合わせ、全国各地に配送しておく製品の数と場所はもちろん、発売何日前に発表会を開くのかや発表会に必要な見本の数も確認します。同時に、生産工場の確保と、そのために必要な原料・資材の仕様の決定・発注日・発注数・納品日、品質確認のための各種試験計画や結果の確認、各種法的確認などの逆スケジュールを作成し、それを間違いなく実行していかなければなりません。

ヒットのためには、企画から発売までをいかにスムーズに進めるかがひとつの鍵となり、そのためには非常に緻密なスケジュール作成能力と確実な実行力が要求されます。「計画なき者に実行なし、実行なき者に成功なし」といいます。「緻密な計画」と「確実な実行」なしには、何事においても成功は望めません。

④計画・実行力～（成功するために）

⑤準備力〜（チャンスを掴まえる力）

ギリシアのキオスの悲劇作家イオーンによれば、ゼウスの末子カイロスは、ギリシア語で「機会（チャンス）」を意味する男性神で、俗に「チャンスの神様」と呼ばれます。彼は、前髪は長いが後頭部が禿げた美少年でした。したがって、カイロスが正面から歩いてきても、すれ違うところまで来ないとその特徴である後頭部の禿げに気づかず、気がついてから慌てて手を伸ばしても、後頭部に髪の毛がないために手が滑って逃してしまうのです。

この逸話は「いつ訪れるかわからないチャンスを掴むためには、普段から準備を怠ってはならない」ということを教えてくれています。日本でいわれる「運も実力のうち」という言葉も、「準備を怠らない人だからこそ運を掴むことができる」と言い換えられます。すなわち、「準備力」という実力を持っているということです。

どんなに革新的な商品でも、しょせんは既存の知識や技術の組み合わせに過ぎません。新しさが求められるのはその組み合わせなのです。商品開発の世界でヒットという「チャンスの神様」を掴まえるために必要な準備とは、人並外れた知識と技術を獲得し、その組み合わせの可能性を広げることにあります。この知識や技術の量が増加し、ある[※6]閾値《いきち》を超えると革新的な組み合わせが閃き、あるとき突然、大ブレークを起こすのです。

⑥継続力～（習慣化）

「天才とは、努力する習慣を持つ人のことをいう」と言ったのは文芸評論家の小林秀雄です。「挑戦を諦めてしまうこと以外に、敗北などない。自分自身の心の弱さ以外に、乗り越えられない障害などない」「あと一歩の辛抱で、あと一歩の努力で、必ず成功するというところで計画を放棄する者があまりにも多すぎる」と言ったのは、※7エルバート・ハバードです。さらに幸田露伴《こうだろはん》は『努力論』の中で「たとえ失敗しても、自らの至らなさを反省し、決して人のせいにせず、次はどうすればうまくいくかを考え抜く人こそが、事を成すのだ」と言っています。

今年（二〇一七年）、日本人力士の横綱が十九年ぶりに誕生しました。第七十二代横綱稀勢の里です。彼は中学の卒業文集に「努力で天才に勝つ」と書いたそうです。まさに横綱という目標に向かってどんなに辛い稽古にも耐え、諦めずに努力し続けた結果なのでしょう。

ヒットという成功の秘訣は、「目標に向かう努力を正しく見極め、それを継続し習慣化すること」にあります。「習慣化する」とは「努力を当たり前のこととして継続できる状態になる」ことです。目標に向かって諦めずに最後まで努力し続けることは、決して簡単なことではありません。これを当たり前のこととして習慣化できれば、ヒットも夢ではないのです。

⑦協調力〜（シナジー効果）

「シナジー」とは※8ジオデシック・ドームを発明したバックミンスター・フラーの作った「相乗効果」を意味する造語です。わかりやすく言うと「人々が一致団結して事に当たれば、個々の総和以上に大きなことが成し遂げられる」ということです。

技術者や発明家と呼ばれる人々が閃きにより素晴らしい商品を作り上げることができたとしても、その素晴らしさを世間に知らしめるプロモーション能力に欠け、せっかくの商品が世に知られることなく埋もれてしまうことも少なくありません。逆に商才はあるけれども売るものを持っていない優秀な人材が、世の中に埋もれていることも少なくありません。したがって、それらの人々が出会い、互いに持てる能力を出し合い協調することができれば、ヒット商品を世に送り出すことができるのです。

歴史に残るヒット商品を見てみると、このように良いパートナーやスタッフとの出会いを活かし、シナジー効果によってヒットしたものが多く存在します。一方で、技術者や発明家がもともと商才にも長けていたという場合も少なくありません。さらに言うならば、出来上がった商品そのものが、誰が見てもその価値がわかりやすく特別なプロモーションなしでも非常に売りやすい商品である場合もあります。それはまさに、真の商品力を持つヒット商品なのです。

⑧革新力～（関連性のない多彩な知識）

〝Stay hungry, stay foolish.〟という名台詞で有名な二〇〇五年アメリカのスタンフォード大学卒業式でのスティーブ・ジョブズのスピーチで、彼は※9学生たちに伝えたかった三つのことの最初に「革新力」を発揮するために必要な、非常に重要な考え方について話しています。

それは「点と点を結ぶ」ということです。「将来をあらかじめ見据えて、点と点をつなぎあわせることなどできない。できるのは、後からつなぎ合わせることだけだ。だから、我々は今やっていることが、いずれ人生のどこかでつながって実を結ぶだろうと信じるしかない」と言っているのです。

彼が作り上げたパソコンが評価される理由のひとつに、フォント選択機能を持たせたことがあります。この機能にこだわった経緯として、卒業単位とは関係なく、とにかく面白そうな※10カリグラフィーの授業を受けたことを挙げています。当然、この授業が将来、自分のパソコンのフォント選択機能と結び付くと予測していたわけではありません。

どのような知識や経験が結び付いて、革新的なものが生み出されるかを予測するのは不可能です。人と違うことや革新的なことをやりたいと思うならば、一見、関連性のない多彩な知識や技術を持ち、これまでにない点と点の結び付きの可能性を広げていくことが重要なのです。

⑨観察力～（心の増幅）

マーケティングの基本は「お客様の立場になって考える」ことですが、そのためには他人の心と自分の心を同調させ、その微妙な変化を汲み取る力が必要になります。この力は、言い換えれば、ヒット商品のヒントを発見する観察力ともいえます。

人は日々の生活の中で、意外と自分の心の微妙な変化を意識せずに生活しています。よほどのことではない限り、良いことも悪いこともあまり気に留めずに一日を終えてしまうのです。そこで「お客様の立場になって考える」力を育むためには、まず自分の心の微妙な変化を増幅し、それをはっきりと感じ取る習慣を身につける必要があります。今、自分は楽しいのか、嬉しいのか、不快なのか、不便を感じているのか、プラス思考かマイナス思考か、それらの感情を引き起こしている原因は何なのかといったことを、はっきりと感じ取る訓練が必要です。

哲学者[※11]ショーペンハウエルは「人は幸せの数を数え始めた瞬間から幸せになれる」と言っています。逆もまた真なりで、「毎日、嫌なことばかり数えていると不幸になってしまう」のかもしれませんが、ヒット商品のヒントを得る観察力を身につけるためには、ポジティブなこともネガティブなこともバランスよく増幅して、クリアに感じ取れるようになることが重要なのです。

⑩分析力～（比較評価力）

前頁では、マーケティングの基本である「お客様の立場になって考える」ために必要な、「他人の心と自分の心を同調させ、その微妙な変化を汲み取る力」、言い換えれば、「ヒット商品のヒントを発見する観察力」についてお伝えしました。

今回はあえて「人の心」から離れ、冷静に科学的に事象や数値を分析する力の必要性についての話です。

市場を科学的に分析する際に重要なのは「変化・矛盾・例外」という三つのキーワードです。市場変化を中心とした世の中の流れを短・中・長期的な視点で分析評価することは、商品をヒットさせるための未来予測には必要不可欠です。成功事例や失敗事例の中に「まったく相反するコンセプトの商品にもかかわらずどちらもヒットしているといった事例」、あるいは「まったく同じコンセプトなのに成功したり失敗したりしている事例」といった矛盾を見つけ、それらの原因を冷静に分析究明していくことは、ヒット商品を作る上での重要なヒントを与えてくれます。また、例外事例に注目し、それらを分析評価することは、市場や商品の在り方に関する固定観念を覆す新たな視点の発見にも役立ちます。

このように市場環境や競合他社との関係性において、ヒット商品につながる重要なヒントを効率よく見つけ出すためには、冷静な事象評価力や数値分析力が必要となるのです。

⑪夢想力〜（可能性の追求）

　ＳＦの父と呼ばれるフランスの小説家ジュール・ベルヌは、「※12人が想像できることは、実現できる」と言っていますが、実際にＳＦ作家や漫画家が未来予測した物事の多くを、人類は実現してきています。なぜそのようなことが起こるのでしょうか。それは、彼らが文章や二次元の世界を通じてリアルに表現する「こんな未来があればと誰もが思う夢」に共感した技術者たちが、いつの時代にも世界のどこかにいて、その夢の実現の可能性を信じて必要な技術開発に挑戦し続けてきた結果なのです。

　革新的な商品を手掛ける際、「成功を確信して臨む者」と「疑心暗鬼のまま臨む者」とでは、おのずと結果は異なります。必ずできると思っている者の方が実現に向けての探求心が強く、最後まで粘り強く可能性を追求する姿勢を崩しません。したがって必ずできると思って臨む者の方が、困難な課題を乗り越えて成功する確率は格段に高くなるということです。ヒットのためには、「可能性を信じて夢を追う力」が重要だということなのです。

「為せば成る、為さねば成らぬ何事も、成らぬは人の為さぬなりけり」と言ったのは第九代米沢藩主の上杉鷹山《うえすぎようざん》です。何事も行動を起こせば実現の可能性が生まれますが、行動しなければ、どんなに優秀な人でも、その可能性はゼロだということです。

⑫疑問力〜（タブラ・ラーサ）

「なに？　なぜ？　どうして？」という子どもの質問責めに困った経験をお持ちの方も多いと思いますが、子どもはあらゆることに素直に疑問を抱きます。なぜなら子どもは、知識という点ではほとんど白紙状態だからです。このような知識の白紙状態を示す言葉として「タブラ・ラーサ[※13]」というラテン語が知られています。

革新的な仕事をするためには、常識という既成概念や固定観念を覆す必要性があります。常識とは常に知識に付随するものですから、それに囚われないようにするためには、今自分が持っている知識そのものを捨てて無知の境地になる、すなわちタブラ・ラーサ状態になる必要があります。そうすれば常に子どものように、常識に目を曇らせることなく、自然体であらゆることに対して疑問を発する姿勢が保てるのです。

普段の生活の中で常に疑問を持ち続け、目の前の当たり前に対して、あるいは教科書やマニュアルに対して、さらには先輩の言うことに対してさえも疑問を持とうとする姿勢が、開発技術者にとっては重要です。誰もが疑問の余地なしと思うことにこそ、チャンスがあるのです。なぜならそこには、長い間多くの人が当たり前のこととして見過ごしてきたものがあるからです。もし、新たな疑問を持つ余地があるならば、それは大きなチャンスにつながる可能性があるということです。

※1　ケネディ就任演説より：Ask not what your country can do for you; ask what you can do for your country.

※2　サミュエル・スマイルズ著『Self-Help』は日本においては一八七一年（明治四年）『西国立志編』中村正直《なかむらまさなお》訳として紹介された。

※3　Pygmalion effect：教育心理学では先生が期待すると、生徒にその期待に沿うような効果が表れること。

※4　"If I wasn't hard, I wouldn't be alive. If I couldn't ever be gentle, I wouldn't deserve to be alive."

※5　"Remember that time is money."：ベンジャミン・フランクリン著『Advice to a Young Tradesman（若き商人への手紙）』。

※6　反応を起こさせる、最低の刺激量。

※7　アメリカの思想家、作家、教育者であり『ガルシアへの手紙』の著者。

※8　最小限の材料で最大限の空間を確保できる三角形の格子を組み合わせて作る、球に近い正多面体の軽量ドーム。

※9　「点と点をつなぐ」「愛と敗北」「死」について。

※10　西洋や中東などにおける、文字を美しく見せるための手法、アルファベットの書道ともいわれる。

※11　ドイツの哲学者、ショーペンハウアーとも呼ばれる。「富は海の水に似ている。それを飲め

ば飲むほど、のどが渇いてくる。名声についてもおなじである」という言葉を残している。

※12　〝Anything one man can imagine, other men can make real.〟

※13　tabula rasa。なにも書き込まれていない書板のこと。まだなにも経験していない無垢な心。転じて原点回帰という意味にも使われる言葉。

NEWセレクテッドスパイス（全48種）
1987年

第六章　素晴らしき閃きへのヒント

本章では、ヒット商品につながる「素晴らしい閃き」を得るために、閃きの種類や性質について、何故閃きが起きないのかという疑問に答えるために、必要な考え方や姿勢について解説します。

①“閃き”の種類

閃きによって生み出されたヒット商品は数多く知られていますが、その閃きには実は二種類あります。ひとつは目の前に抱えている具体的な問題を解決するためのものであり、この種の閃きは時間的制約を受けながら必死に考え抜くという生みの苦しみを伴うことが多く、とことん考え抜いた後のリラックスタイム（※1三上《さんじょう》）にやってくるといわれています。もうひとつは、普段の生活の中で、ある日突然舞い降りてくるもので、いつ閃くかはコントロール不可能なものです。潜在意識で「面倒くさいことはないか、不便なことはないか、より便利にできないか、より簡単にならないか」などと常に問題意識を持つことによって得られるものです。

企業内の業務でいえば、画期的な新製品のアイデアを模索する場合などは前述のタイプの閃きを要求されるのに対して、業務改善のためのアイデアを出す場合などは後述のタイプでしょう。主婦目線での生活に密着した発明は、そのほとんどが後述のようなタイプの閃きといえるようです。

どちらのタイプの閃きも、生み出すためにはその背景に多くの知識を必要とします。知識の引き出しが多ければ多いほど、その多様な組み合わせがいろいろなアイデアを生み出します。それらの中には、閃きと呼べるような素晴らしいアイデアも含まれてくるのです。

経営者は会議の席上で、皆が同じ意見で何の疑問も持たずに賛成するときこそ、決断に注意しなければならないといわれます。なぜならば、このような状況でトップが一度決断してしまえば、誰もブレーキをかける人間がいないという、企業としては非常に危険な状況に陥るからです。

②干し草の山から針を探す

画期的な素晴らしいアイデアが閃いたとき、人はその閃いたことに対する喜びと安心感から、思わず思考を停止してしまいがちです。たったひとつの閃きに対して、これ以上のアイデアはないと思い込んでしまうのです。したがって、もうアイデアをブラッシュアップする必要性も感じなくなりますし、成功への疑いも抱きません。実はこのような状態は非常に危険なのです。皆が成功を疑わないときこそ、「本当にこれで良いのか」「もっと良いアイデアはないのか」と疑問を抱くことが必要なのです。

天才と呼ばれたアインシュタインは、「あなたとほかの大勢の人とは何が違うのですか」と問われたときに、「干し草の山から針を探さなければならないときに、あなた方は一本見つけるまで探すでしょう。私は、針が全部見つかるまで探し続けます」と答えたといわれています。一本を見つけて安心してしまうのではなく、「まだあるかもしれない」と探し続ける執念が、あれだけの偉業を成し遂げさせたのではないでしょうか。

③ネガ・ポジ思考の使い分け

ブレーンストーミングなどの手法でアイデアを模索する発想段階において「これは現実的ではない」「こんなバカなことは言えない」などと、ネガティブ思考で発言を控えてしまうと、せっかくの自由な発想の妨げとなってしまいます。この段階ではどんなに荒唐無稽なアイデアであっても、ポジティブ思考でとにかく質より量を目指してどんどん出していくべきなのです。アイデアの数がある程度たまったら、この段階で初めてネガティブ思考を用いて実現の可能性のないものを厳しく切り捨てます。一方で可能性があるアイデアについては、ポジティブ思考で実現に向けてブラッシュアップしていくのです。

しかし、世の中ではまったく逆のパターンが多く行われるようです。アイデアを出す発想段階で、荒唐無稽なアイデアに片っ端からダメ出しをして、自由な発想を妨げるというネガティブ思考を行い、残された常識的で面白味のないアイデアを実行する段階になって「とにかくやってみよう」と、無謀ともいえるようなポジティブ思考をするのです。これでは画期的なアイデアが出ないばかりか、失敗する確率も高くなってしまいます。より良いアイデアを生み出し成功につなげるためには、実はこのポジティブ思考とネガティブ思考を、いつどのように使うかという「使い分け」が非常に重要なのです。

④問題のぜい肉をそぎ落とす

「新大陸発見など誰にでもできることだ」と言われた※2コロンブスが「誰か、テーブルの上に卵を立てられる者はいるか」と聞き、皆に試させて誰もできなかったのを見定めてから、卵の底をつぶして、立ててみせたという話は有名ですが、ここから学ぶべきことは、「答えがわかってしまえば簡単なことでも、その答えを最初に見つけ出すのは、誰にでもできる簡単なことではない」ということです。

しかし、この話からは、もうひとつ重要なことが学べます。それは、「なぜ誰も卵を立てられなかったのか」ということです。人は、「テーブルの上に卵を立てられるか」と言われると、そこには「卵はそのままで」、あるいは「道具を使わずに」といった前提条件がついていると勝手に思い込んでしまうものなのです。問題の解決策を考える際、このような思い込みによって、自らの思考を狭めてしまう傾向があるということです。

ぜい肉のようにまとわりつく勝手な思い込みを、冷静に見極め、そぎ落とすことで問題の本質を単純明快にすることができます。このように問題の本質をしっかりと見定めることができる状態にすれば、多角的な視点からのアイデアの切れ味が増しますし、柔軟な発想による素晴らしき〝閃き〟が生まれやすくなるのです。

⑤「既存」の破壊

新しいものを生み出すために既存のものを否定するのは常道とされていますが、その否定が「部分否定」か「完全否定」かで、考え方は大きく異なってきます。

部分否定の場合は、既存の商品や組織、制度などを分解していき、既存の成り立ちを部分ごとに分析・評価し、どこをどのように改良すれば全体としてどのような変化が得られるかを検討していくことになります。この部分否定・分解方式の場合は、確実性はありますが、インパクトの強い画期的な新しいものを生み出すことは難しくなります。

これに対して完全否定は、良い部分を含んだまま既存のすべてを破壊し、目標を達成すべき仕組みをゼロから考えていく方法です。既存のやり方の影響を受けないので、画期的な新しいものを生み出しやすいのですが、反面、既存よりも良いものができるという保証はありません。まさに「背水の陣を敷く」方法といえます。したがって、完全否定・破壊法を用いるには、「実は追い込まれたときにこそ、素晴らしき〝閃き〟は舞い降りてくる」ということを信じて決断を下す勇気が必要となるのです。企業が時代に乗り遅れることなく生き残っていくためには、既存の商品や組織や制度をいったん破壊し、ゼロから新しいものを再構築していく勇気を持つことも必要なのではないでしょうか。

⑥潜在意識の活用

夢から〝閃き〟を得たという話は多く存在しますが、中でもミシン針の発明と化学式ベンゼン環の発見は有名です。

エリアス・ハウはアメリカ合衆国の発明家で、ミシンの開発で知られています。ある日、ハウは見知らぬ国の王のためにミシンを作らされる夢を見ました。彼には二十四時間の猶予が与えられますが、完成することができず、処刑のために連行されてしまいます。そのとき、兵士たちが持っている槍の穂先に穴が空いているのを見て、針先に穴の開いたミシン針を閃いたといわれています。また、ドイツの有機化学者フリードリヒ・A・ケクレは教科書の執筆中にストーブの前でうたた寝をし、ヘビが自分の尻尾を噛んで輪状になっている※3ウロボロスの夢を見て、ベンゼンの※4六員環《ろくいんかん》構造を閃いたといわれています。

どちらも夢を見て、〝閃き〟へのヒントを得たという話ですが、後から作られた逸話だという説もあります。しかし、潜在意識に本当に解決したい問題を徹底的に刷り込んでおけば、夢に見ることもあり得ますので、実際に起きた話である可能性も十分あります。

寝ても覚めてもそのことばかり考え続けなければならない状況では、あなたの夢にも素晴らしき〝閃き〟へのヒントが出てくるかもしれません。枕元にはメモ用紙を置くことを習慣にすることを、お勧めします。

⑦笑われる勇気

独創的なアイデアを打ち出したとき、一般的には周囲の人々に笑われたり反対されたり、ときには強烈な拒絶に遭うことすらあります。実は独創的なアイデアには、もともと既存の物事を破壊して大きな変化をもたらす力があるのです。したがって、変化を嫌う人々から冷笑の対象とされるのは当然のことなのです。

マイクロソフト社の創業者ビル・ゲイツ氏は「自分が出した企画やアイデアを、少なくとも一回は人に笑われるようでなければ、独創的な発想をしているとはいえない」と言っています。また、ファッションデザイナーのココ・シャネル女史も、「私の着ているものを見て、みんな笑ったわ。でも、それが私の成功の鍵。私はみんなと同じ格好をしなかったの」と言っています。

ここには、重要なヒントがあります。マーケティングの世界では、独創的な「売り（※5USP）」を持つことがヒット商品には欠かせない要素だといわれています。しかし、それが独創的であればあるほど、最初は人に笑われてしまう宿命を背負って生まれてくるのです。したがって、あらかじめ自分のアイデアに対して「人に笑われることを恐れない心」を持っていなければなりません。この強い心を持たなければ、いくら独創的な閃きがあっても、それは決して日の目を見ることはないということです。

⑧記録ノートの習慣

アイデアを書き留めておくのは、独創的なアイデアを生み出すためには欠かせないことですが、単に自分のアイデアを忘れないために書き留めるものではありません。アイデアを記録したものとしては、『レオナルド・ダ・ヴィンチ手稿』が有名です。ダ・ヴィンチは、日々の暮らしや旅行先で興味をひかれた事柄、科学や工学に関する研究について、※6ドローイングとともに、そのほとんどを※7草書体の鏡文字で記した一万三千ページにおよぶ手稿を残しています。

トーマス・エジソンはこのレオナルド・ダ・ヴィンチを心の師と仰ぎ、発明に至るまでのプロセスが一つひとつ詳しく書き記された三千五百冊にもおよぶノートを残しました。エジソンはダ・ヴィンチに倣《なら》って、自然界や特許、ほかの発明家が書いた文書、別の分野の人が思いついたアイデアなど、さまざまなことについて自分の感想を書き留めていました。そして定期的にいろいろな分野の出版物を読んでは斬新なアイデアを探し出し、興味をひかれたものはノートに記録しました。さらに彼はひとつの問題を解決するアイデアを閃くと、ノートを繰《く》って同じ手法や原理でこれまで解決できなかった問題を解決できないかと見直す習慣を持っていました。実は、このアイデアの記録ノートが独創的な閃きを生み出すヒントになっていたのです。

⑨常識への自覚

コペルニクスはそれまでの常識であった「天動説」を覆し「地動説」を唱えました。ピカソはルネッサンス以来、絵画の常識とされてきた「一点透視図法」を覆して「[※8]キュビズム」を生み出しました。ディック・フォスベリーは、走り高跳びの常識「[※9]ベリーロール」を覆し「背面跳び」を編み出しました。独創的なアイデアは、いつの時代も常識を覆すことによって生み出されてきました。

ジェームス・Ｗ・ヤングが著書『アイデアのつくり方』の中で述べているように、「アイデアは既存の知識や技術の組み合わせ」であるならば、多くの知識や技術を得ることは、その組み合わせの多様性を増すという意味で重要なことです。反面、その知識や技術に付随する常識も、同時に身につけることになります。多くの知識や技術を得ることは、多くの常識を得ることとなのです。したがって、独創的なアイデアを創造する上では、常識に囚われる危険性が増し、あまり好ましいことではありません。

しかし、常識を「現時点での常識」としてしっかりと自覚し、その常識に囚われずに根本的な疑問を投げかけることによってそれを覆すならば、独創的な閃きに到達することができるのです。

知識とともに得る常識が問題なのではなく、恐ろしいのは、常識を常識として自覚せずに身につけてしまうことなのです。

⑩制約は"閃き"の母

メディアクリエーターの佐藤雅彦氏が、「人間は制約の下でこそ、知性という翼を自由にはばたかせる」と言っているように、発想の世界では、いろいろな制約を受けた方がかえって具体的なアイデアが出やすくなるものです。

アメリカの発明家ウォルター・ハントは、借金の返済に迫られ、四百ドルの返済のために、とにかく必要性が高く簡単に作れるシンプルなものを発明しようと考え、安全ピンを発明しました。

三谷幸喜監督の舞台作品「笑いの大学」は、制約されることがより良いアイデアを生み出すということを楽しく教えてくれる喜劇です。舞台は太平洋戦争間近、演劇は規制され警察で台本の検閲を受けなければ上演できないという設定です。検閲官は「このような時代に低俗な喜劇など上演する必要はない」という堅物で、台本から「笑い」を排除するよう無理難題を押しつけてきます。しかし、何が何でも上演にこぎ着けたい舞台作家は「笑い」を排除する制約を出されるたびにそれをクリアしながら、さらに笑いの要素を台本に盛り込んでいきます。気がつくと、最初よりはるかに面白い台本がそこには出来上がっており、ついには作家が検閲官に逆に感謝するといった喜劇なのです。まさに「制約は"閃き"の母」であることを教えてくれています。

⑪思考ステップ

万有引力の発見者アイザック・ニュートンは閃きへのステップについて「問題をいつも考えていることだ。考えているうちに、やがて一筋の光が差し、少しずつ明るくなり、本当にはっきりしてくるまでじっと待つ」と言っています。何も考えないで閃きが舞い降りてくることはあり得ません。閃きを得ようとするならば、思考を深めなければなりません。

では、思考を深めるとはどういうことでしょうか、実は思考には技術があり、ステップを踏むことによって深めることができるのです。

[※10]第一段階は、課題について普通に考える段階です。第二段階は、普段とは違うレベルで真剣に、これ以上の考えは出てこないところまで突き詰めて考えます。第三段階は、周囲の人の意見を聞きます。すると、自分ではもうこれ以上の考えは出てこないと思っていたのに、新たな考え方が見つかります。第四段階は、これまでに出てきた考え方以外にはもう本当にないのかを再度、一から考え直します。このようにステップを踏んで考えを深めていけば、課題は自然と潜在意識の中に刷り込まれます。そして、そのような状態を脳内に作り上げた上で、いったん課題から離れて脳をリラックスさせてやるのです。すると突然、閃きが舞い降りてくるのです。

⑫可能性を信じる力

『JIN-仁-』は、「現代の医師が、もし幕末へタイムスリップしたらどうなるか」を描いた村上もとか氏による漫画で、※11TVドラマにもなりました。作中で主人公（南方仁《みなかたじん》）は、度重なる試練を乗り越えるにあたり「神は乗り越えられる試練しか与えない」と、医療環境の整わない幕末を舞台に、現代医療の知識を活かしたアイデアを出して問題を解決していきます。どうしてもペニシリンが必要な状況では、与えられた環境の中でどうしたらペニシリンが作れるかを考えているのです。

人間の脳内では、「こんなの無理だ」と思った瞬間に思考は停止してしまいます。重要な課題に対する解決策を閃きによって得ようとするならば、「できる、やれる、答えは必ず見つかると信じる力」「決して諦めない力」が必要です。

与えられた課題に対してどうしても解決策が見つからない場合、その時点では不可能だと思っても、「まだできない」「まだ解決策が見つからない」のように、「まだ」という時限的な否定に留めておけば、その課題は潜在意識の中に「いつか解決しなければならない課題」として記憶されます。そして、新たな情報や知識を得たときに、潜在意識の中で突然、これまでになかった新たな知識や技術の組み合わせが生まれ、具体的な解決策が閃くのです。

※1　「馬上《ばじょう》・枕上《ちんじょう》・厠上《しじょう》」：「車中・寝床・トイレ」の意。文学者欧陽脩《おうようしゅう》が文章を考えるのに最適の場所として挙げた。

※2　クリストファー・コロンブス（Christopher Columbus）。イタリア、ジェノバ出身（異説もある）の探検家。大航海時代の一四九二年に、西廻り航路の着想により西インド諸島のサン・サルバドル島に到達した。

※3　古代の象徴のひとつ。自分の尾を噛んで環となったヘビ、または竜を図案化したもの。

※4　有機化合物の中で環状に結合している原子が六つあるもの。主にベンゼン環、シクロヘキサン環など。

※5　Unique Selling Proposition：商品やサービスにおける「明らかにほかとは違う点」。

※6　デッサンのこと。

※7　上下はそのままで左右を反転させた文字で、鏡に映すと正常な文字・文章が現れる。

※8　さまざまな角度から見たものの形を一つの画面に収めた画法。

※9　バーに向かって正面から助走し、バーの上で腹ばいになるように回転しながら跳び越す方法。

※10　英文では1st.Think、2nd.Think out yourself、3rd.Think together、4th.Think different.

※11　ＴＢＳ系「日曜劇場」（主演：大沢たかお）。二〇〇九年十月～十二月、二〇一一年四月～六月放映。

旬の香り（全８種）
1991年

第七章　心理学から見るマーケティング

本章では、現代マーケティングにおいて、消費者の購買行動を促すために活用されている身近な心理学的手法について解説します。広告やプロモーションへの応用によってヒットに近づけることができます。

①返報性の原理

人には、他人から何かをしてもらうと、そのお礼としてお返しをしなければならないと考える基本的な心理があります。これを心理学では「返報性の原理」といい、社会において人間関係を健全に保つために非常に重要な心理といえます。「誰かにご馳走になったのならば、今度は私がご馳走しなければ」「あの人には仕事で大変お世話になったから、なんらかの形でお礼をしなければ」「この間、絶妙のタイミングで素晴らしい情報をいただいたから、今後はあの人の欲しがっている情報があれば、ぜひ積極的に提供しよう」等々です。マーケティングでは、このように基本的な人の心理を活用した販売手法が多く知られています。

たとえば、店頭での試食販売です。本来、試食販売とは、購入したことのない商品を目の前で簡単に調理し、実際に食べてもらうことでその美味しさに納得して購入してもらうものです。実はここに返報性の原理が働いています。試食をしてしまうと、食べさせてもらったことに対して、なんとなくその商品を買ってあげなければ販売員に対して申し訳ないという気持ちが働くのです。その結果、美味しさの評価以上の売り上げが見込めるというわけです。

けれど逆に、試食してしまうと買わなければ立ち去りにくくなるため、試食は苦手だという人もいるのではないでしょうか。

②連合の原理

人は、ＣＭやポスターなどでタレントやモデルと商品を同時に見せられると、同時に見たものどうしが結び付き、その商品にもタレントやモデルに感じるのと同様の魅力を感じてしまうものなのです。これを「連合の原理」と呼びます。

モーターショーなどのイベントで、コンパニオンが車の横に立っているのは、単に女性の美しさによる集客を目的にしているわけではありません。実は、コンパニオンに対するドキドキ感や魅力をその車にも感じてもらおうとするもので、「連合の原理」を活用したマーケティングの手法なのです。このような人間の心理を知れば、ＣＭに起用するタレントの採用は慎重にならざるを得ません。タレントの魅力が、そのまま商品の魅力に結び付くと考えられるからです。

子どもたちがアニメのキャラクターが印刷されたパッケージの商品を買いたがるのは、商品を通してそのアニメのキャラクターに近づけるような気がするからです。食品であれば、その食品を食べることで、「キャラクターのように強くなれる」「正義の味方になれる」「かっこよくなれる」「きれいに変身できる」などと子どもたちは考えます。商品の中身が特別なものではなくても、そのように感じるのです。これも、「連合の原理」を活用したマーケティングといえます。

③恐怖説得（フィア・アピール）

ＣＭの世界では「この資格がないと、就職活動で不利ですよ」「老後は金融商品を運用しなければ資産は減る一方ですよ」「きちんと歯を磨かないと歯槽膿漏になってしまいますよ」「テーブルは水拭きだけだと、バイ菌だらけのままですよ」等々、人々を恐怖に陥れるような文句が溢れかえっています。

これは心理学的手法で「恐怖説得（フィア・アピール）」と呼ばれる手法です。まず「今のままでいいのですか」「放っておいて大丈夫ですか」と繰り返し恐怖を喚起し、相手が十分に恐怖を感じたところで、その問題を解決する商品を提示する方法です。恐怖から逃れて安心したいという心理から商品の購入率を高めようとするマーケティング手法なのです。

よく似た例で、コンプレックスを刺激する方法も知られています。ダイエット、美容、語学、カツラなど、人がコンプレックスを感じやすい要素に対応する商品に使われる手法です。これらの商品の場合は、コンプレックスが解消できることを、よりわかりやすく伝えるために「Before（使用前）＆After（使用後）」が提示されることも多くあります。

「恐怖説得」を用いるときには、与える恐怖が強すぎると、その恐怖から逃れたいがために、ＣＭそのものが拒否されてしまうこともありますので注意が必要です。

④心理的リアクタンス

人は普段、無意識のうちに「自由であること」を志向しています。自身の行動や考え方に対して強い制約を受けると、その自由を奪われまいとして抵抗します。これを「心理的リアクタンス」といいます。

もともとは同じ意見であったにもかかわらず、その方向へと他者から強く説得されると、最初の方向とは逆の方向へ態度を変えてしまうことがあります。まさに「天の邪鬼《あまじゃく》」というわけですが、このような心理的変化は、自身の行動や考え方に対する自由を守ろうとする「心理的リアクタンス」によるものなのです。

「やってはだめ」と言われればやりたくなりますし、「見てはだめ」と言われれば見たくなる、それが人間の心理です。商品の情報を制限することによって、消費者に「もっと知りたい」と思わせ注目を集めようとする広告手法があり、これをティザー広告といいます。

スマートフォンの新機種がいつ発売されるのかは知らされても、そのデザインや大きさ、機能などの細かな内容に関しては発表当日までベールに包まれており、消費者はその発表日を今か今かと待ちわびます。焦《じ》らすことによって注目を集め、販売に結び付けようとするティザー広告は、まさに情報を知る自由に対する「心理的リアクタンス」を活用したマーケティング手法といえるのです。

⑤希少性の原理

「希少価値」という言葉があるように、人は手に入りにくいものに対して特別な価値を見出して欲しがる基本的な心理を持っています。それは価格に影響しますし、今買わなければという購買タイミングや、どうしてもこれが欲しいといった欲望に対しても強い影響を及ぼします。

希少性には、数量の限定、時間の限定、情報の限定などいろいろあり、これらはさまざまな形でマーケティング手法に活用されています。

店舗で、「本日特売、お一人様ひとつ限り」などの[※1]POPを目にすることがあります。単に「本日特売」と伝えるよりも、購買可能な数をひとつと限定することで、「この価格で販売できる商品の総数に限りがあるのだな」と希少性を感じさせる効果があります。また、「お一人様ひとつ限り」と限定することで、限定しなければ一人でいくつも買っていってしまう人が出るほど普段より安いのだな」と、価格そのものが、めったにない特売価格であるという希少性を感じさせているのです。

一方、店舗や通販番組でのタイムセールは、たまたまその時間にそこに居合わせた、あるいはその番組をたまたま見ていたという特売チャンス情報の希少性と、この制限時間内でしか買うことのできない価格の希少性を感じさせ、「今買わなければ、後で後悔するかもしれない」と思わせる手法なのです。

⑥社会的証明の原理

人は一般的に、多くの人がとっている行動であれば間違いないだろうと真似をしたがります。このような心理を、「社会的証明の原理」といいます。この原理は、商品やサービスに対して十分な知識や情報を持っていないときに、より働きやすくなります。

宴会のお店を探すときに、インターネット上のグルメサイトの星数を頼りに選択しようとするのは、まさにこの「社会的証明の原理」によるものです。また、家電売り場などでは、店員に技術的な説明をされてもよくわからないため、必要な機能さえ備えていれば、「ただ今人気ナンバーワン」や「当店売上ナンバーワン」のPOPを見て、深く検討することもなく簡単にその商品の購入を決めてしまう人もいます。

街中で行列を見ると、誰でも気になるものです。これだけの人が並ぶのであれば、行列の先にはきっと何か良いことがあるのだろうと考えるのです。意図的に行列を作るマーケティング手法は、単に客の注目を集めるだけではなく、自分も並んでみようと思わせる「社会的証明の原理」の効果を期待しています。さらに、「通りに面した窓際の席へ、どの程度のお客様を案内するかでレストランの売り上げが変わる」といわれるのも、お店の流行り具合という「『社会的証明の原理』による入店判断」をコントロールしようとするものなのです。

⑦コントロールの錯覚

人は物事を進めるにあたり、その方向性について自分の意志で選択した方が喜びを感じ、結果に対してより高い価値を感じるものです。

マーケティングの世界ではこの心理を活かし、お客様が何を買うかを自ら選択（コントロール）しているかのように錯覚させ、結果的により満足していただく手法をとることがあります。

優秀な販売員は商品を勧める際に、お客様にとってこの商品がベストだとわかっていても、その商品だけを勧めることはしません。それではお客様は、押し付けられていると感じてしまうおそれがあるからです。選択候補として選ばないであろう商品も何点か見せ、結果的にお客様が自らベストな商品を選択するように仕向けるのです。まるで、マジシャンが予定したカードを上手にお客様に引かせるように。

企業では、デザインや企画、アイデアを決定する場合、同様の手法がごく普通に行われているのではないでしょうか。実務者が「本命」だと考えるデザインに対して、誰がどう見ても選択されないであろう「捨て案」と万一選ばれても良い「対抗案」を用意してプレゼンテーションに臨みます。上司は提示案から自らの意志で選択することで、仕事の方向性や部下をコントロールできていると感じ、満足するのです。当然、取引先に対しても同様の手法が有効といえます。

⑧欠点開示の原理

良いことばかり言う人は、信用できません。また、欠点がないかのように振る舞うより、多少欠点があっても、それを隠さない人の方が正直だと信用されやすく、魅力を感じさせるものです。

このように商品の良い面だけではなく、明らかな欠点を開示することによって販売しようとするマーケティング手法があります。「リテール・アウトレット」といい、平たく言えば「訳あり商品の安売り」ということです。

高級ブランドには、品質と価格を維持しブランドイメージを守らなければならないという宿命があります。高級ブランドの商品が破格の安値で売られていれば普通はまず偽物だと疑いますが、「売れ残り、型落ち、規格外品」等の具体的な欠点を示すことで、安心して安く買ってもらおうとするものです。

二〇一七年、イギリスの高級ブランド、バーバリーは衣料品やアクセサリー、香水など二千八百六十万ポンド分（約四十一億八千万円）の売れ残り商品を焼却処分したことを明らかにしました。これに対して「資源の無駄遣いだ」と環境資源保護団体を中心に社会的な非難が上がりました。これを受けて二〇一八年九月、バーバリーは売れ残り品の焼却処分の在り方を見直し、「[※2]サスティナブル」な社会を目指す企業として生まれ変わると宣言しています。

⑨おまけの効用（プロスペクト理論）

商品を購入する際に、「おまけをもらう」か「値引きを受ける」か、サービスの選択を迫られることがあります。

たとえば六万円のブルーレイレコーダーを買うとき、「二十枚で三千円のブルーレイディスクを二枚プレゼント」と「三百円キャッシュバック」では、どちらが得なのでしょう。実質的な利益を比較するとブルーレイディスク二枚の方は三百円分の商品がプラスされたことになるので、三百円キャッシュバックとまったく同じ価格なのですが、ほとんどの人がブルーレイディスク二枚をもらう選択をします。

多くの人は、六万円の商品に対する消費税が八パーセントで四千八百円であるのに対して、キャッシュバック三百円はわずか〇・五パーセントの値引きであり、たいした値引きではないと考えます。それよりも、ブルーレイディスク二枚で三百円分をおまけとしてもらう方が得だと思ってしまうのです。ブルーレイディスクの原価は消費者に表示している店頭価格より安いはずですから、店にとっては一石二鳥のサービスといえるでしょう。

人の心理は不思議なもので、プラスの価値とマイナスの価値が実質的には同額のサービスであるにもかかわらず、感じ方が異なる場合があるのです。行動経済学では、このように客観的利益と主観的な評価にゆがみがあることを「※3プロスペクト理論」として説明しています。

⑩コントラストの原理

数千円の価格差は、数百万円の車の購入時には小さく感じますが、二、三万円の家電を買うときには大きく感じます。知覚心理学では、高額商品よりも低額商品の方が、わずかな価格差を大きく認識するとされています。

家具を買うとき、数万円の価格差は大きく感じて慎重に検討しますが、数千万円で自宅を新築する際に同時に購入する家具の場合は、数万円の違いであれば「この際だから良いものを買おう」と比較的簡単に購入を決定してしまいます。これは家具の購入価格（数十万円）から、自宅の購入価格（数千万円）へと比較対象が変わることによって価格差（数万円）を小さく感じた結果なのです。人は、同じ金額でも比較対象とする金額との差によって、大きく感じたり小さく感じたりします。これを心理学では「コントラストの原理」といいます。

さらに、知覚心理学の研究では、値引き前の価格と値引き後の価格をどのように表示するべきか、その差を大きく感じさせるための表示方法までわかっているのです。

値引き後の価格は、値引き前の価格の下に書くよりも右側に書いた方が、人は値引き額を大きく感じます。しかも、すぐ右側に寄り添うように書くよりも、少し距離を離して書いた方が価格差を大きく感じることが明らかになっています。

⑪好意の原理

人はある特定の人物に対して一度好意を持つと、その人の発言に対して「あの人の言うことなら間違いない」と鵜呑みにしやすくなります。これを心理学では、「好意の原理」と呼びます。

同様の心理がブランド品に対しても働きます。人は商品を購入した結果として、その品質や技術力やデザインなどを通して一度そのブランドを気に入ると、どんな商品に対してもそのブランドの商品であれば間違いないだろうと考えてしまう傾向があるということです。ファッション、家電、車などにこだわりのブランドを持つ人も多いのではないでしょうか。

「仕事とは信頼を勝ち取ることなり」といわれますが、まさに人もブランドも信頼を勝ち取ることがなにより大切であり、一度信頼を勝ち取れば、「好意の原理」によってその後の仕事や商売やビジネスがやりやすくなるのです。逆に人事評価の際に、ある人の一部の際立った特質がバイアス（偏り）となり、良くも悪くもその人への全体評価が歪んでしまうことがあります。これを社会心理学では「ハロー効果」と呼び、認知バイアスのひとつとされています。俗にいうところの、「レッテルを貼る」ということです。

昔からいわれる「あばたもえくぼ」「坊主憎けりゃ袈裟まで憎い」などのことわざの裏には、実はこの心理学でいう認知バイアスがあるのです。

⑫ That's not all（ザッツ・ノット・オール）テクニック

年末に上野アメヤ横丁商店街などでよく見かける光景ですが、店員が頭上に商品を掲げ「これもおまけ、もうひとつおまけ、さらにこれも付けちゃおう！ もってけ、泥棒！」などと、威勢の良い口上で次々とたたみかけるようにおまけを付けて売る販売方法があります。「それが全部じゃないよ」という意味の英語から、「ザッツ・ノット・オール・テクニック」と呼ばれます。

セールス・マーケティングの場面で、まず最初に販売したい商品を示し、価格を据え置いた上で次から次へとおまけの商品を紹介していくテクニックです。人は最初からおまけ付きで紹介されるより、後からおまけが付いてきた方が、そのたびにお得感を感じて購買意欲が高まっていくのです。

テレビ通販番組をイメージするとわかりやすいと思います。「今なら、○○社のデジタル一眼レフカメラが普段○○円のところ○○円と超お買い得。さらに本日に限り、本来なら○○円のハードケースを付けて、さらにさらに、旅先などでとても便利な小型軽量三脚まで付けちゃいます！ ただ今より受付開始。この放送終了後三十分間限定です。皆さん、このチャンスをお見逃しなく！」のように、このテクニックは「希少性の原理」と併せて使用されることが多いのです。

※1　「Point of Purchase Advertising」の略語で、主に店舗などで行われる広告活動に用いられる看板、ポスター、ディスプレー、ステッカーなどを指す。
※2　「人間・社会・地球環境の持続可能な発展」の意。
※3　選択の結果得られる利益や損害及びそれらの確率について、人がどのような選択をするかを記述するモデル。

タント（全６種）
1994年

第八章　若き開発者への手紙　⑴己を磨く

本章では、「開発者としてどのような自己研鑽をするべきか」について解説します。一般的な社会人としてのレベルアップは、必然的に成功への近道となるはずです。

①いつかは「オールマイティ」になれる

私は新入社員の頃に上司を見て、「なぜ、この人はこんなになんでもできるのだろう。自分もあんな風になれるのだろうか」と思ったものです。しかし今思えば、その上司も最初からすべてできたわけではなく、仕事をしていくなかで知識や技術を少しずつ増やしていったはずです。入社して間もない人がよく、「教えてもらっていないからできません」「専門外なのでわかりません」と言いますが、ちょっと待ってください。誰にでも「最初」があります。現在どんな専門家であったとしても最初は素人だったのです。わからないからと諦めて取り組まなければ、専門家が助けてくれるまで業務が滞ってしまいます。学校で専門的に学んだこと以外はやってはいけない、という会社はないと思います。少しずつでも新たな知識を得て、できることを貪欲に増やしていけば、いつか、なんでもできる最強のオールマイティになれるのです。

そのためには、まず「自分はなんでもできる」と思うことから始めましょう。できない、わからないと思って聞いていたのでは、わかるはずのことも理解できずに終わってしまいます。今は難しいと思うことでも、「今日はここまで理解できた」と自分の知識が広がることを楽しみましょう。そうすればやがてわかることが増えていき、ある日突然、全体が理解できるようになるものです。学ぶとは、そういうことなのです。

②聞くは一時の恥

「聞くは一時の恥、聞かぬは一生の恥」ということわざがあります。「聞きたいけれど恥ずかしくて聞けない」という人と「知らないので教えてください」と言える人とでは、得られる知識の量と深さに格段の差がついてきます。ひとつの仕事を完結するためには、多くの技術や知識を必要とします。そこで、自分の専門外の技術や知識を吸収していくために、「その分野では私は素人なので教えてください」と専門家に対して謙虚な態度で教えを乞うことができるかどうかが非常に重要です。

また、自身で専門外のことを一生懸命に学んで一定の知識を得た後、つい「そんなことは知っていますよ」といった態度をとってしまうと、相手は丁寧な説明をしなくなってしまいます。「聞く姿勢」を示せば、より知識を深めることができるのに、そのチャンスを失ってしまうことになるのです。すでにある程度の知識を有していたとしても、新たな仕事をするたびにさまざまな専門家から、繰り返し技術や知識を吸収していけば、いつしかあなたは多くのジャンルで専門家並みの技術や知識を手に入れることでしょう。ひとつの商品を開発するために必要な多くの専門分野においてそれぞれのレベルが上がれば、当然、出来栄えも素晴らしいものになっていくはずです。聞き上手な人が伸びるといわれるのは、こういうことなのですね。

③多趣味になろう

新製品を開発する際に、ライフスタイルや属性の違いによって、お客様がその商品を手に取ったときにどのように感じるのか、あるいはどのように取り扱うであろうかを想像することは非常に重要です。

手足や腰に重りをつけて、高齢者や妊婦の疑似体験をするというプログラムがあります。プログラムの最中だけとはいえ、その立場の人たちの置かれている状況を知ることで、今後の見方や接し方は変わるでしょう。しかし、一般的なお客様の職業や家族構成、収入、ライフスタイルなどの違いを体験によって学ぶことはなかなか難しいと思います。

子どもの頃に「本を読みなさい」と教えられた人は多いと思いますが、その理由を教えてくれる大人は少ないように思います。読書の効用はいくつもありますが、そのひとつとして、小説などを読むことにより実際に経験できない人生を疑似体験し、そこから、他人の立場や心理を学べることが挙げられます。

また、世の中には読書以外にもいろいろな趣味がありますが、それらを経験することによって、その趣味に夢中になる心理や付随する多くの知識や技術を学ぶことができます。読書をはじめ多くの趣味を持つことで、「お客様の立場」になって考えることができる開発者を目指してください。

④「出世する」ということ

「出世」は「世に出る」と書きますが、まさに世に出て社会人として一人前と認められることを意味します。いくら社内での役職が上がり偉くなっても、それだけでは「井の中の蛙」です。会社の外に一歩出ると、自信のなさから周囲の様子をうかがい、ひっそりと鳴りを潜めているような人は出世したとはいえません。社外で高く評価されてこそ、出世したといえるのではないでしょうか。

役職が上がり外へ出る機会が増えれば、人前で話をする機会も増えます。いつなんどき、社外の会合で挨拶のスピーチを求められないとも限りません。このようなときに気の利いた話ができるかどうかで、評価されることも多いようです。したがって普段から、一般教養はもとより、気の利いた話ができるような準備をしておくことが大切です。〝なるほど感〟があり、できればユーモアを交え、さらには社会人として、直近の政治や経済、流行などの話題を盛り込むことができればベストです。

私は四十歳を超える頃から、人前での突然のスピーチに備えて、話題や言葉を収集してきました。そんな積み重ねもあって、人前で話をする仕事もいただけるようになりました。将来を見据えて、社内外での高い人物評価を目指し、準備を進めてみてはいかがでしょう。

⑤人前で緊張せずに話すために

頑張れば頑張るほど、その努力が報われない結果につながるという法則、それが[※1]エミール・クーエの「努力逆転の法則」です。

その内容は、①意志力と想像力が相反した場合は想像力が勝つ。②意志力で「努力すればするほど」想像力は強化され、その意志力（努力）の方向とは反対の結果を招く。③意志力と想像力が相反した場合、想像力の強さは意志力の二乗に正比例する、というものです。

たとえば人前で話すとき、誰でも「緊張したらどうしよう」と考え、「緊張するまい」と意志の力でなんとかしようとします。しかしこのとき「緊張するまい」という意志と「緊張するかもしれない」という想像が相反するために、努力すればするほど想像力が強化され、「緊張してしまった」という結果を招くのです。これを解決するには、二通りの方法があります。意志と想像の方向を合わせてしまえばよいわけです。

ひとつは「自分は緊張しないだろう」と想像の方向を変更し、「緊張するまい」という意志の方向と合わせる方法ですが、簡単ではありません。これができる人は、そもそも緊張しない人です。そこでお勧めなのは「緊張するかもしれない」という想像に意志の方向を合わせて「緊張してもいいじゃないか」と思うことによって、落ち着いて話ができる精神状態を作り上げるという方法です。

⑥即興劇から学ぶ

私が幼少の頃、自宅裏の鍛冶屋が火事に遭いました。普段、大きなハンマーを打ち下ろしている屈強な男たちがパニックに陥り、声が裏返ってしまって、誰にも聞こえないような弱々しい声で「火事だ〜」と叫んでいたのを記憶しています。このとき、人はパニックに陥ると普段当たり前にできることも、できなくなってしまうのだということを学びました。

演劇界には「Show must go on.」という言葉があります。たとえ芝居の途中で自分や相手のセリフが飛んでしまっても、照明や音響の具合が悪くても、「幕が開いたら芝居をやり続けなければならない」という教えです。最後までやり抜くために必要なのが、アドリブ力です。

これは、ビジネスや開発の世界にも必要なことです。会議の席上で、偉い人からの想定外の質問でパニックに陥って窮してしまうのか、開発の途中で予期せぬ技術的な問題に直面して頓挫してしまうのか、あるいは冷静に機転を利かせて窮地を脱することができるのかは、そのような出来事に出くわした経験の数によるところが大きいといわれます。

欧米のビジネススクールではこのような経験を補うために、「インプロヴィゼーション（即興劇）」を学ぶそうです。どのような仕事においても、想定外の事案発生時において冷静に問題を解決するためには訓練が必要だということなのです。

⑦基本原理を学ぶ

アップルの創業者スティーブ・ジョブズ氏は、実はコンピュータープログラムの専門家でもハードウェアの専門家でもありませんでした。にもかかわらず、iPhoneやiPadといった画期的な商品を創り上げたのです。なぜこのようなことができたのでしょうか。その答えは、彼の仕事に対する考え方にあります。

彼は自分の立ち位置について「[※2]リベラルアーツとテクノロジーの交差点に立つ」と言っています。すなわち、広い一般教養知識と多くの専門技術との交差点に立ち、交通整理をするように両者をつなぎ自由に組み合わせ、素晴らしいアイデアを生み出していたのです。交差させる知識や技術の量が増えれば増えるほど、良いアイデアを生み出す可能性が高まるのです。さらに、より実現性の高いアイデアを生み出すためには、専門技術における基本原理を押さえておく必要があります。個々の技術で何ができ、何ができないかという最低限の知識を学んでおくことで、技術の詳細がわからなくても、組み合わせたアイデアは最初から理論的に実現性が高いものになります。

難易度の高い技術を必要とする場合、専門技術者は尻込みしがちです。しかし設計段階で「理論的に可能」なアイデアであれば、最後まで諦めずに挑戦し続けることで成功できるのではないでしょうか。

⑧万物は流転する

「万物は流転する」と言ったのは、哲学者ヘラクレイトスです。これは、世の中のあらゆるものは常に変化しているという意味です。彼はそのことを川の流れに例えて、「人は同じ川には二度と入れない」とも言っています。川の水は常に流れ変化しているから、同じつもりでも同じ川へ入ることはできないということです。しかし逆に変化に注目すると、そこには変わらざるもの、すなわち、普遍的な原理原則があるということも見えてきます。

　近代における産業革命は、私たちの暮らしや働き方に大きな変化をもたらしてきました。第一次産業革命ではイギリスを中心に蒸気機関による機械化が進み、乗り遅れた国々は植民地化され、長い間、隷属されました。第二次ではドイツがガソリンエンジンを発明し、自動車や飛行機をもたらしました。アメリカでは電機利用が始まり、工場のオートメーション化による大量生産時代に突入、軽工業から重工業への変化を引き起こしました。第三次は「デジタル革命」とも呼ばれ、コンピューターの導入により「単純作業の自動化」が実現しました。そして、第四次は現代の[※3]ＩｏＴや[※4]ＡＩによるもので、これまで以上に加速度的な変化が予測されます。このような時代だからこそ、普遍的な原理原則や変わらざるものを見極める意識を大切にすべきではないでしょうか。

⑨怠らない準備でチャンスを掴む

「チャンスの神様は前髪しかない」ということわざがあります。チャンス（幸運）の神様は前髪がふさふさで後頭部が禿げた好青年。自分に向かって歩いてくるが、すれ違うところまで来て初めて後頭部の禿げに気づき、「これが噂のチャンスの神様だ」と慌てて掴まえようと手を伸ばしても、時すでに遅し。後頭部に髪はなく取り逃がすということです。「チャンスは準備していなければ掴まえることができない」というギリシア時代からの教えです。

また、[※5]ルイ・パスツールは「観察の場では、幸運は、〝待ち構える心〟にだけ味方する」と言っています。人生いつどこで、どのようなチャンスが巡ってくるかわかりません。運を逃さないためには、常日頃から準備を怠らないことが重要だということです。

「自分が課長だったら」などと上司のやり方を批判するのは、ありがちなことです。しかし、実は自分が課長になってからでは遅く、課長になる前に課長並みの仕事をして初めて、会社はあなたを「そろそろ課長にしてもよいのではないか」と認めてくれるものです。課長になる前に、課長並みの仕事ができる準備をしていなければ、課長になるチャンスは巡ってこないでしょう。「運も実力のうち」という言葉は、まさに「準備を怠らずに運を掴んだ人」への言葉なのです。

⑩人に優しく

マーケティングの基本は「お客様を笑顔にすること」です。そのためには「人の気持ちに寄り添って考えること」が重要で、これは普段から人に対して優しい人でなければ簡単にはできません。

人に優しくなるためには、心のゆとりが必要だといわれます。自分が幸せでない人が他人に対して優しくなれるはずがなく、したがって、まずは自分の幸せを優先してもよいということです。では、自分が幸せになるためにはどうしたらよいのでしょうか？

幸せとは、その人の心の持ち様です。ショーペンハウエルは「人は幸せの数を数えだした瞬間から幸せになれる」と言っています。今ある自分は幸せだと考えることから始めるとよいでしょう。

日本には昔から「足るを知る」という言葉があります。幸せとは追い求めればキリがないものです。どのような素晴らしい環境や地位を与えられても、それを不服だと考える人は一生幸せになることができないのです。逆に、他人から見てどのような悪環境や処遇を受けようとも、今を幸せだと思える人は一生幸せでいられます。今の自分を「幸せだ」と考えることができれば、そのときから「人に優しくなれる」はずなのです。そんな人が作り出す商品やサービスこそが、人を笑顔にすることができるのではないでしょうか。

⑪表情筋をコントロールする

先日、三歳の孫が不満そうに口をとがらせているのを見ました。誰に教わったわけでもないのに、不満なときには子どもでも口をとがらせるのです。人は誰しも嬉しければ笑い、悲しければ泣きます。心と表情筋とは生まれたときから自然とつながっていることがわかります。したがって、たとえば笑顔を作れば自然と楽しくなるといわれます。

スポーツの世界では、この原理を使って上手にメンタルをコントロールして最高のパフォーマンスを引き出そうとしているようです。

二〇一七年、全仏オープンテニスで三年ぶりに十回目の優勝を果たしたナダル選手は、叔父であるコーチから「勝ちたいなら、顔つきを変えろ」と言われたそうです。「すごみ」や「迫力」を顔で表現することによって、闘争心をかき立てたのです。また、世界で活躍する日本人女子プロゴルファーには、意識的に笑顔を作ってプレーするという人が増えています。

笑顔で仕事をする人は皆に好かれ、仕事もうまくいくことが多いようです。本人もリラックスして才能を十分に発揮できるのでしょう。逆に、組織を引き締めるときには、管理職であれば厳しい表情をする必要もあるでしょう。より良い仕事をするためには、必要に応じて表情筋を自在にコントロールする技が必要なのかもしれません。

⑫夢なき者に成功なし

「[※6]夢なき者に理想なし、理想なき者に計画なし、計画なき者に実行なし、実行なき者に成功なし。故に、夢なき者に成功なし」という言葉が正しいことを、日本人大リーガー[※7]大谷翔平選手が教えてくれています。

彼は高校一年のときに野球部監督の指導で目標達成用紙を作りました。用紙の中心に夢を書き、その周りにそれを実現するための八つの理想を書き、さらにその周りにそれを実現するための具体的な行動目標を八つずつ書いたといいます。それはあたかも、仏教における曼荼羅《まんだら》の様相を呈するため「マンダラートチャート」とも呼ばれます。

彼はシートの中心に「ドラ1・8球団」と書きました。ドラフトで8球団から一位指名を勝ち取るという夢です。そのための八つの理想が「体づくり・コントロール・キレ・変化球・球速160キロ・運・人間性・メンタル」です。さらにその理想に近づくための行動目標を八つずつ設定し、実行することによって目標以上の夢を叶えました。

大谷選手が球場のゴミをさりげなく拾ってポケットに入れたシーンがアメリカで大きく報道され、日本人として誇らしく思った人も多いと思います。実は、彼は高校一年生のときの目標達成用紙の「運」を掴むための具体的な行動目標のひとつに「ゴミ拾い」と書いているのです。

「夢なき者に成功なし」。改めて深く考えてみたい言葉です。

※1　エミール・クーエ（Emile Coué：仏）：自己暗示法（クーエ療法）の創始者。
クーエ療法：「日々あらゆる面で私はますます良くなりつつあります」と心の中で唱えるだけ

※2　リベラルアーツ：専門に囚われない一般教養。

※3　Internet of Things の略称、モノのインターネット。

※4　Artificial Intelligence の略称、人工知能。

※5　ルイ・パスツール：フランスの生化学者・細菌学者。ロベルトコッホと共に「近代細菌学の開祖」と言われる。

※6　吉田松陰（一八三〇～一八五九年）の言葉。幕末の長州藩士、思想家、教育者、兵学者。明治維新の精神的指導者。

※7　日本ハムファイターズ（二〇一三～二〇一八年）、ロサンゼルス・エンジェルス（二〇一八～二〇二三年現在）に所属し、投打二刀流で話題となる。

日賀志屋（３種）
1995年

第九章　若き開発者への手紙　⑵仕事に向かう姿勢

本章では、「開発者としての仕事に向かう姿勢」の在り方について解説します。

ここでいう仕事に向かう姿勢とは、開発者に限った話ではありませんので、業種や役割にかかわらず参考にしていただきたい項目です。

①社長のせいにできますか？

企業は生き残るため、常に右肩上がりの売り上げや利益を目指すものです。したがって、経営者は企画・開発部門から画期的な新商品が出てくることを待ちわびているのです。

この開発業務が停滞すると、経営者は痺《しび》れを切らして具体的な指示を出さざるを得ません。いわゆる「トップダウン」です。これは企画・開発者にとっては、仕事の遅さを叱責されているようなものなのです。経営トップから具体的な指示を出されてしまえば、担当者は内心「これじゃ駄目だ」と思いながらも、組織の一員として従わざるを得なくなります。「社長指示だから仕方ない」と、しぶしぶ言われた通りに仕事をこなすのです。しかし、このような仕事のやり方で成功するはずはありません。もし仮に失敗した場合、あなたは「社長の指示で行ったので、私の責任ではありません」と上司に言えるのでしょうか。

本来、企画・開発担当者は、経営者に不安を与えないように常に前倒しで業務を行うものなのですが、それでもトップダウンが出てしまうこともあります。そのような場合は具体的な指示をそのまま実行するのではなく、経営者の思いを汲んで、どの部門やジャンルに対してどのような不安を感じているのかを見極め、それらの不安を解消するためのより良い代替案を提示しましょう。それがプロの仕事のやり方です。

②自分の活躍の場を決めつけない

若者が就職活動をする際に、「自分探し」という言葉をよく使うようです。就職活動の時点でどれだけの人が、あるべき自分を見つけられているのかはわかりません。しかし、仮に仕事に就く前に「自分はこのような仕事に向いている」と方向性を見極められたとしても、思い通りの仕事に就くことができる確率は極めて低いのが世の中の現実です。

すると、いざ社会人になっても、与えられた仕事に対して「自分がやるべき仕事はこんなことではない」と不満ばかりが先に立ち、真摯に向き合うことができなくなります。結果として「こんな簡単な仕事もできないなら、ほかの仕事は無理だろう」と、重要な仕事を任せてもらえなくなります。仕事とは、信頼があって初めて任されるものだからです。したがって、最初から自分の仕事への理想など持たずに、与えられた仕事の中で自分の得意不得意を嗅ぎ分けながら工夫を重ねていくことの方が好ましいといえます。与えられた仕事に対してどう向き合うかで、すべてが決まるのです。

古代ギリシア人哲学者タレスは「[※1]人生で一番難しいのは自分自身を知ること」と言っています。難しいのは自分の限界を知ることではなく、可能性を知ることです。どのような仕事に就いても、その中に自分の活躍の可能性を見出していくことが重要なのです。

③自由であるための判断基準を持つ

自由は、規律があって初めて存在するものです。絶対に譲れない一線をしっかりと持っている人の方が、かえってその範囲内では自由奔放に考え行動することができます。物事の判断基準がしっかりしている人ほど、自由で柔軟な発想ができるということです。判断基準がぶれない人には、安心して仕事を任せられます。この判断基準が明確でない人には、仕事を任せられないという場合が多いように思います。

「社会のマイナスになることは、たとえ誰の命令であってもやらない」という信念（判断基準）を持てば、逆に「社会（会社）のプラスになることであれば、誰か（上司）に言われなくてもやる」というように自由度が広がります。「社会人として他人に迷惑をかけない」という信念を持てば、「他人（上司や同僚）に迷惑をかけなければ、人からの評価を気にせずに行動する」というように自由度が増します。逆に「出世のためなら何でもする」などという信念を持っていると、とんでもないことになるでしょう。

新製品を作るとき、その品質に対してどのような信念（判断基準）を持って臨むのか、「絶対にこの品質だけは譲れない、この部分で妥協してはお客さまに申し訳ない」など、絶対に守るという一線を明確にし、自信を持って製品を世に送り出してほしいものです。

④自分の存在の証を残そう

「何か事を成すにあたり、自分がそこに存在し、関わった証《あかし》を残したい」。これは人間が持つ基本的な願望のひとつだと思います。※2マズローの欲求段階説でいえば、承認欲求からさらに上位の自己実現欲求にあたるのかもしれません。

新製品の企画・開発に関わるなかで、しっかりとしたマーケティング調査のもとに企画されたものを、その通りに作ってヒットする場合もあります。しかし、私は「私が関わらなければ、この商品はこうはならなかった」ということにこだわってきました。当然、生じる結果に対する責任はすべて自分で負う覚悟が必要です。「自分が関わった証へのこだわりと、それに伴う全責任を負う覚悟」、これが企画・開発者としての私の矜持《きょうじ》です。

私は、自分が作った商品が店頭で販売され、誰に対しても「この商品は私が作りました」と言えることに喜びを感じます。自分の子や孫に「これはお爺ちゃんが作ったのだよ」と言えることこそが、開発者としての最高の勲章なのではないでしょうか。

開発者なら誰がやっても同じものができたであろう商品よりも、「自分が関わったからこそ、こんな商品が誕生したのだ」と言える、そんなこだわりと責任を持った仕事をしていただきたいのです。

⑤逆風の壁を突き破る「反対はチャンスの証」

心理学者チャールズ・オズグッドはこう言っています。

「強硬かつ執拗な反対を受けるのは、新しい法則が本物である証拠である。どの分野でも、専門家たちは、明らかにナンセンスで簡単に※3論駁《ろんばく》できるような法則は無視する。だが、論駁が難しく、なおかつ自分たちの名誉のよりどころとなってきた根本的前提に疑問を投げかけるような法則については、必死にあら探しせざるを得ない」

まだ誰も見たことのないような新しいアイデアを具現化しようとすると、多くの場合、周囲からは反対の声が上がります。「そんな夢のようなものを本当に作れるのか」「リスクが大き過ぎるのではないか」「途中で壁にぶち当たるのではないか」「無理だからやめておけ」等々。しかし、実はこのような反対の逆風が巻き起こったときこそがチャンスなのです。なぜならば、それらの反対が示すものは、そのアイデアが「常識的な人は行わない」ということを示しているからです。常識的なアイデアでは失敗こそ少ないものの成功する確率はさらに少なく、周囲の反対の逆風を突き破った先にこそ、成功という女神が待っているのです。「オールホンダ・アイデアコンテスト」開催に際し、創業者本田宗一郎氏は「常識的、真面目からは何も生まれない」「頭を使って不常識に考えろ」と言ったそうです。

⑥変革者は「変わり者」？

非常に革新的だがリスクの高い仕事にチャレンジしようとすると、周囲からは「彼は変わっている」「彼女は非常識だ」といった陰口が囁かれることがあるようです。しかし、私はそのように言われると、まるで褒められているかのように内心喜んでいました。

歴史的に見ると、世の中に大きな変革をもたらしてきたのは、他人から「変わり者」といわれるような人々なのです。

他人と同じような無難な仕事をしていれば、大きな失敗こそありませんが、反面、大きな成功も得られません。社会に役立つような革新的な商品や技術を開発しようとすれば、必ず失敗という大きなリスクを伴います。

では、失敗を恐れず前に進むためには、どのように考えるべきなのでしょう。必要なのは二つの考え方です。ひとつは「やってだめならば、それは自分の責任だから仕方ない。また次の機会に頑張ればいい。なるようになるさ（ケセラセラ）」という一回の失敗ぐらいでは、へこたれない不屈の精神です。もうひとつは「人は窮地に追い込まれたとき、普段信じられないような力を発揮するものだ（火事場の馬鹿力）」という、いざというときの自分の頭脳の冴えや能力、行動力を信じる力です。

どうせ仕事をするなら、失敗を恐れずに大きな仕事をしてほしいものです。

⑦「革新的なこと」を実行する鍵

「革新的なこと」を行うための決断は簡単ではなく、それなりの覚悟を必要とします。革新的なことを行う際には、次の四点を確認するとよいでしょう。

①「不確実性を受け入れること」。革新的であることは、ある程度のリスクを覚悟するということです。リスクのない革新などあり得ません。②「継続の判断を行うタイミングと、その基準を決めておくこと」。あらかじめ、継続の可否を判断するタイミングとその判断基準を決めておくことでスタートは切りやすくなります。③「予算の総枠を決めておくこと」。スタート時点で投入可能な予算の上限を決めておけばそれ以上の出費のリスクがなくなり、スタートの意思決定もしやすくなります。そして、④「引き金を引くための判断基準はあくまでもロジックで考え、数字による議論に囚われないこと」。革新的な業務は前例がないわけですから、先を読めない不安から、ついつい「どれだけ売れるか」「どれだけ利益を生めるか」「どれだけ効率が上がるか」といった数字での議論に終始し、過去の事例や数字と比較して否定してしまいがちになります。しかし、革新的な業務を行おうとするときは、「社会に貢献できるか」「お客様に喜んでいただけるか」といった極めてシンプルなロジックで、判断を行うべきだということです。

⑧考え続ける熱意

　松下グループの創始者である松下幸之助氏は、「才能ではなく、熱意こそがハシゴを作る」という言葉を残しています。たとえば二階に上がるための具体的な手段を考える場合、いかに才能がある人でも「できれば二階に上がってみたい」程度の思いではなかなかアイデアを思いつかないが、「何がなんでも二階に上がらなければならない」という強い熱意がある人は、具体的にハシゴや階段というアイデアを思いつくことができるのだというのです。

　しかし、多くの人々はできない言い訳に「才能や知識がない」ことを挙げ、決して自分の「熱意がない」ことを挙げません。なぜなら、熱意とはそのときの考え方や気持ちの持ち方次第でどうにでもなるはずのことだからです。ですから、「熱意がない」ことは、できないことの言い訳にはならないのです。

　才能や知識は、それを生かすも殺すも本人の熱意次第です。どのような問題も熱意さえあれば、持ち合わせの才能や知識で問題解決できるはずです。

　人の脳は、できない言い訳を考えだした瞬間に思考を停止してしまいます。どんなに難しい問題でも「必ずできる」「絶対にやらなければならない」という熱意があれば、考え続けることができます。その結果として、具体的なアイデアを考えつくことができるのです。

⑨「既成概念」から自由になる

昨年（二〇二一年）、あるパラリンピック選手の言葉にハッとさせられました。「皆さんが眼鏡をかけるように、私たちは車いすを使っているだけです」。目から鱗が落ちる思いでした。普段から、既成概念や固定観念に囚われてはいけないと思っていただけに、猛省したのです。

義手や義足、車いすを使うと、「障がい者」と呼ばれるのはなぜなのでしょう。近視や乱視や老眼で眼鏡をかけても、「障がい者」とは言われません。

眼鏡やコンタクトレンズだけではなく、入れ歯やインプラント、補聴器など、どれも人体が持つ機能を補完するという点で、なんら変わりはないはずです。

近年は、計算は電卓任せ、わからないことはスマートフォンで検索し、[※4]ＶＲゴーグルをつけて疑似体験までする。私たちはいつの間にか、ＳＦに出てくる[※5]アンドロイドに近づいてきているようにさえ思えます。この先、「帽子をかぶればＡＩが認知症の脳の機能を補完してくれる」そんな時代が来るのかもしれません。そう考えると、「障がい者」という言葉は、もう時代錯誤といえるのではないでしょうか。

新しい商品の開発者は、既成概念や固定観念に囚われていないかを常に自問自答しながら、社会に貢献する仕事を目指してもらいたいと思います。

〝アメリカ広告界の伝説〟といわれるジョージ・ロイス氏は「アイデアは考えるのではなく発見するのだ」と言っています。意外なことかもしれませんが、私たちは普段の生活の中で、不自由なことや不便なこと、不快なことを当たり前として見過ごして暮らしているものです。仮に、不自由だ、不便だ、不快だと感じることがあっても、その状況が過ぎ去れば忘れてしまうでしょう。なぜなら、そのような不快なことをいつまでも引きずって暮らしたいとは思わないからです。

しかし、家事の場合には話は別です。炊事、洗濯、掃除と、毎日同じことを繰り返すのですから、「なぜ毎日同じような不快感を味わわなければならないのか。なんとかならないのか」と考え始めます。個人発明家に家事を楽にする商品を開発する人が多いのは、必然の結果といえるでしょう。

⑩「当たり前な不自由」に気づく

会社などの組織におけるルーティンワークの中でも、このような不自由、不便、不快を感じることがあるはずですが、家事とは異なり、組織の慣習などから「当たり前のこと」として見過ごし、貴重なアイデアを埋もれさせてしまっていることが多いようです。したがって、このような日常業務にひそむ貴重なアイデアを発見するためには、「当たり前な不自由に気づく習慣」と、「常識や慣習にとらわれない発想」ができる環境を整える必要性があります。

⑪発明の連鎖「必要は発明の母」

　一八七九年、アメリカのエジソンは竹をフィラメント[※6]にした白熱電球を発明しました。その後、自分の発明した白熱電球を多くの人々に使ってもらうために発電機の開発に着手し、世界で初めての発電所をつくり、電気（直流）を家庭に送る会社を設立し、送電システムを確立します。やがて、さらなる普及のために安価に大容量の発電ができる水力発電が必要だと感じ、ダム建設を目指しました。そして、ダム建設に必要なセメントの開発や、建設現場の作業小屋のためのベニヤ板の開発まで行ったのです。また、送電に必要な絶縁ゴムの開発など、白熱電球の普及のために次々と新たな技術開発を続けていきました。

　このようにエジソンはひとつの発明品を商品化し、その便利さを広く活用してもらうために、周辺環境を整える新たな技術や商品の開発を次々と連鎖的に行っていきました。それがどのような技術であっても、ジャンルを問わず挑戦し続ける姿勢を持っていたようです。彼が生涯に取得した一〇九三件の特許は、そのような開発姿勢の結果だといえます。このような開発姿勢の根底にあったと思われるエジソンの哲学は、彼の残した「売れないものは発明したくない。売れることが実用性の証明であり、実用性が成功を意味する」という言葉に表れています。

⑫織り込み済みの失敗

本田技研工業株式会社の創業者である本田宗一郎氏は、「人生は『見たり』『聞いたり』『試したり』の三つの知恵で成り立っているが、その中で一番大切なのは『試したり』だ」と言っています。「これはいける」と思ったら具体的に試してみる、作ってみることが重要です。頭の中で一生懸命に理論を展開するよりも、具体的に試してみる方がはるかに早く結果を出すことができるからです。しかも、頭の中で理論を展開しているだけでは見えないものを、見つけることができます。

結果がどうなるか、それがわからないから「試す」のです。したがって、その結果、成功するとは限りません。しかし仮に失敗したとしても、その失敗は必ず成功への軌道修正につながるヒントを与えてくれるはずです。失敗するたびに、成功に少しずつ近づいていくことが可能なのです。成功とは[※7]失敗学でいうところの「織り込み済みの失敗」を繰り返すことによってたどり着くものなのです。

どんなに優秀な頭脳の持ち主でも、「試す」という行動を伴わずに考えているだけでは、成功することはあり得ません。成功は失敗の積み重ねの上に築かれるものであり、成功の確率は失敗の回数に比例するといっても過言ではないのです。

⑬大きな問題を科学的に解決する

大きな問題と思われるものの多くは、複雑に絡み合った小さな問題の塊《かたまり》です。したがって、大きな問題を解決するためにまず行うべきことは、大きな問題を小さな問題へと丁寧に解きほぐすことです。それによって明らかになった小さな問題の中には、簡単に解決できるものもあるはずです。小さな問題に解きほぐしても解決できない場合には、さらに理由を分類していきます。「人手が足りないから」「予算が足りないから」「技術が足りないから」等々、できない理由がわかれば、どうすればできるようになるかを考えやすくなります。

大きな問題をそのままの大きさで受け止めて解決しようとすると、できるかできないかの二者択一になり、問題の複雑さゆえに解決困難として放置される状況に陥ってしまいがちです。前述のように問題を細分化して分類・整理することにより、小さな問題として性質と難易度を把握できれば、それぞれに的確な解決策を検討することができます。そこまで理解できた段階で、解決可能な問題から処理していけばよいわけです。

よく、問題は科学的に解決せよといわれますが、科学の「科」は「等級」や「種類」などを意味し、本質的には「分ける」ことです。科学的に解決するというのは、問題を細分化し、分類・整理した上で検討するということなのです。

⑭もし、諦めそうになったら

問題を解決するための正解がなかなか見つからないとき、人は「本当にこの壁を乗り越えられるのか」「本当にこの壁を突き破ることができるのか」という疑問が頭をよぎり、つい挫けそうになります。

このようなときに、簡単に諦めてしまわないためには、問題を解決しなければならないという「強い意志」が必要となりますが、実はそれ以上に重要なことがあります。

それは、問題に対する答えの存在を信じることができるかどうかということです。一種の自己暗示といってもよいのかもしれませんが、「この問題にはすでに答えが存在するが、自分はまだそれに気づけていないだけなのだ」と考え、「答えは必ず見つかる」と信じることができるかどうかなのです。

問題に直面したとき「答えがあるかどうかわからないが、とにかく検討してみよう」と中途半端な気持ちで考える人は、途中で「実は答えなどないのではないか」と疑心暗鬼に陥って諦めてしまいがちです。一方「答えは必ず見つかる」と考えることができる人は、決して途中で諦めません。困難な問題に直面したときの根本的な考え方の違いが、その壁を突き破れるかどうかに大きく関わってくるのです。

⑮愚公移山

昔、ある山の北側に住んでいた九十歳にもなる愚公《ぐこう》という老人が、日当たりを良くするために山を移そうと決意します。当然、周囲の人々は反対しますが、「自分には孫がいる。さらにその子どもや孫まで続ければ、山はこれ以上大きくならないのだから、いつか必ず移せる」と言って働きだしました。それを聞いた天帝はこの老人の熱意に感激し、山をほかの場所に移してあげました。「愚公移山《いざん》（愚公、山を移す）」という話で、普通ではできないと思われることでも根気よく諦めずに努力すれば、いつか成就できるという例え話として伝えられています。

『幸福論』の著者でフランスの哲学者アランは、「誰でも夢は実現できる。なぜならばそれは山のようなものだから」と言いました。山は、常にそこにあります。だから諦めずに一歩ずつ歩き続ければ、いつかは必ず山頂に到達できるという意味です。

新しいことに挑戦しようとするとき、克服するのは不可能と思われる壁に突き当たることはよくあります。逆に、壁に突き当たらないようであれば、挑戦そのものが大したものではないとさえいえるでしょう。壁を突き破るときに最も重要なのは諦めない力であり、一歩ずつ重ねる努力は成功へと導いてくれます。叶えたい夢は、諦めなければいつか必ず実現できるのです。

⑯「鼻の差」で勝つ

「鼻の差」とは、競馬の用語です。一着と二着の差が、鼻の先ほどわずかな差であっても勝ちは勝ち、負けは負け。その結果として得られる名誉や賞金には、雲泥の差が生じます。

このようにわずかな差が結果に大きな違いをもたらすのは、競馬の世界に限った話ではありません。発明や発見、特許申請、学術論文の発表など、鼻の差で結果に大きな違いが生じた例は数多く知られています。

ノーベル物理学賞を受賞した江崎玲於奈氏の場合にも、「エサキダイオード」と同様の現象をほぼ同時に観察していた科学者が世界に数人いたといわれています。同じ実験データを得ても、いち早くそこに論理的考察を加えて論文を発表できた結果が受賞につながりました。江崎氏は、「この差は、日々の研究におけるわずかな努力の積み重ねがもたらしたものだ」と話したそうです。これは、駅伝で各区の走者のタイムの数秒の積み重ねがゴール前の差となって勝敗が決まるようなものです。それぞれの走者は優勝するために自分があと何秒タイムを縮めればよいのかわかりません。自己ベストを目指して走る以外にはないのです。

成功というゴールを目指しても、何をどれだけ努力すればよいのかを事前に計算することなどできません。だからこそ、日々のわずかな努力も惜しまず、それぞれがベストを尽くすことが大切なのです。

⑰巧遅は拙速に如かず

ここ数年のコロナ禍は、大きく世の中を変えてしまいました。マスクが必須となり、関連商品が次々に発売されました。種類はもちろんのこと、マスクに付随するグッズやマウスガード、フェイスガードなどがあっという間に世の中に溢れかえりました。

そこに市場があるとわかれば、早い者勝ちだと言わんばかりに新製品が溢れ出てきました。よくこれだけ短時間で開発できたと思うくらいのスピードです。どれだけの商品が生き残るのかわかりませんが、まさに「[※8]巧遅《こうち》は拙速《せっそく》に如《し》かず」とは、こんな場合に使う言葉なのだろうと感心しました。

私が商品開発を担当しているときは、常に時間との勝負でした。時代と経営者が、スピードを要求するのです。しかし、「急がば回れ」「急《せ》いては事を仕損じる」という言葉もあります。「巧速」であることは望ましいのですが、そうそううまくはいきません。

そこで、私は普段からアイデアをストックしておき、要求された商品開発に時間がかかりそうなときには、代替案として簡単な新商品を提案するようにしていました。それほどこだわらなくても開発できる商品で時間を稼ぎ、良いものや、本当に作りたいものに納得のいくまで時間を掛けるというのも、ひとつの開発のあり方ではないでしょうか。

⑱商品が伝えてくれること

画家、彫刻家、写真家、音楽家、作曲家、作詞家、演劇家、小説家、漫画家等々、「アーティスト」と呼ばれる人は作品を通して自分が伝えたいことを表現します。私は、商品開発をする人も同じだと思います。

商品には作り上げた開発・設計者の思いが込められており、お客様がその商品を使うときの笑顔を思い浮かべながら作ったかどうかは、必ずお客様に伝わるはずなのです。誰かに指示され、言われるままに作られた商品は、どんなに市場調査をしてニーズが明らかであったとしても、肝心の作り手がお客様の要望に応えようと心を込めていなければ、それはおのずと感じ取られてしまうものなのです。これでは、なかなか売れるものにはなりません。

作り手であるあなたが、商品の味や原料にこだわったのか、デザインにこだわったのか、ネーミングにこだわったのか、あるいは使い勝手の良さにこだわったのか、健康や機能性にこだわったのか、価格にこだわったのか、それともすべての要素にこだわったのかなど、商品のどこに思いが込められているのかは、自然とお客様に伝わるものなのです。開発・設計者の一生懸命さは、完成した商品が伝えてくれます。そして、強い思いが伝われば、結果として多くのお客様がその商品を選んでくださるのです。

⑲持続可能な開発目標「SDGs（エス・ディー・ジーズ）」

昨今、「[9]SDGs（Sustainable Development Goals）」という言葉を耳にすることが多くなりましたが、これを「CSR」や「環境問題」と勘違いしたり、17の目標を単独で考えたり、企業の統合報告書などの追加報告事項と勘違いする等々、その理解に対しては残念ながらまだ十分とは言い難いものがあります。

SDGsが掲げる17の目標は複雑に関わり、単独で成せるものではなく、また、[10]ODAの資金などでは到底対処しきれない目標です。したがって、世界中の民間企業の「事業としての関与が必須」だともいわれています。すなわち、地球規模で目標をクリアするための新しい仕組みが必要なのです。このとき、重要なのは持続可能（Sustainable）な仕組みでなければならないということであり、そのためには関わる企業がきちんと利益を見込める仕組み、いわゆる「三方よし」の構図が求められます。

たとえば、プラスチック廃棄物と海洋汚染の問題でストローが注目されますが、もともとストローの起源は麦わら（straw）なのですから、「発展途上国における天然資源の中から代替品を探し出し、環境問題を解決すると同時に途上国における貧困を減らし、しかも自社も儲かる仕組み」というような革新的なビジネスモデルを創造し、実現へ向けてプロデュースする力が求められているのです。

⑳簡単な仕事は先にやる

一般的に仕事の優先順位は、自己完結性、緊急性、重要度を考慮して決めるといわれます。特に自己完結できない仕事（他への依頼を必要とする案件など）は優先順位を上げておかないと、結果的に大きく時間をロスすることになります。

次に、緊急を要する仕事や重要度の高い仕事へと優先順位が続くわけですが、もうひとつ考えなければならない仕事があります。それは、簡単に処理できる仕事です。

簡単に処理できる仕事を、いつでもできるからといって後回しにしていると、つい忘れてしまうことになりかねません。たしかに、仕事には重要な仕事とそうではない仕事があります。しかしどんなに小さくても、その日のうちに確実に終わらせなければならない仕事があります。

緊急を要する仕事だけではなく、簡単な仕事を先に済ませてしまうことで、じっくりと腰を据えて取り組まなければならない仕事に集中でき、結果的には、優先順位を下げた重要な仕事にも良い成果がもたらされるのです。また、簡単な仕事の依頼者側からすれば、「なぜこんなに簡単なことをすぐにやってくれないのだろう」と疑問に思うものです。仕事に対するあなたの向き合い方は信用に大きく影響します。重要な仕事はもちろんのこと、簡単な仕事も疎《おろそ》かにしない丁寧な仕事の進め方を心掛けてほしいものです。

㉑片付けながら仕事する

「料理を作るのは好きだが、後片付けが苦手」という話をよく耳にします。にわかシェフはとにかく作ることに夢中で、狭いキッチンの空いているスペースを焼き畑農法のように使って料理を作り、終わってからまとめて片付けようとします。出来上がった料理を楽しんで、後片付けをする段になって初めて、自分が使ったキッチンの有り様に気づいて頭を抱えるのです。

一流のシェフは良い仕事をするために、常に片付けながら仕事をするといいます。多くのお客様の料理を次から次へと作っていくためには、いくらプロ仕様の広いキッチンといえども、片付けながら行わなければ使い終わった鍋・釜・フライパンや食器であっという間に埋まってしまうからです。そして一日の終わりには、また翌日気持ちよく仕事が始められるようにきちんと仕事場を整えて帰るのです。

私たちの仕事においても、効率を考えるならば日々のメールやファイルの整理は欠かせません。目的の書類を探すのに机の上の山をかき分けなければならないようでは、よい仕事はできないのです。そして、毎日気持ちよく仕事をするためには、一日の業務の終わりに翌日の準備を怠らないことです。朝の業務のスムーズなスタートは、その日の仕事を充実したものにしてくれます。

㉒世界への貢献方法

企業や組織を通じてSDGsを目指すことだけが、世界貢献ではありません。食品ロスを減らし、CO_2削減のためにゴミの分別やリサイクルに協力することなども、私たち一人ひとりが暮らしの中でできる世界への小さな貢献といえます。日本を訪れる外国人の多くが「日本はゴミがなくて綺麗な国だ」という感想を持つといいます。

[※11]サッカーのワールドカップで試合終了後、日本人サポーターが大きなビニール袋を持ってスタンドのゴミを拾う姿が世界中から称賛されました。そして、他国のサポーターたちにも、この「ゴミ拾いの輪」が広まりつつあるといいます。同じ日本人として、とても清々しく誇りに思います。このようなことは、ほかの世界的なスポーツの場でもできるかもしれません。このような「善い行いの輪」が、サッカーはもとよりスポーツの枠や国境さえも越えて広まってほしいのです。

オリンピックやワールドカップなどは、世界を身近に意識するよい機会です。勝敗に一喜一憂するだけではなく、一人の人間として世界を見つめ直してほしいのです。今の時代、SNSなどの活用により、もっと積極的にこのような「善い行いの輪」を世界に広めていくことができるのではないでしょうか。若者の斬新なアイデアや行動力に、期待したいものです。

※1　「人生で一番難しいのは自分自身を知ること、人生で一番簡単なのは他人を批判すること、人生で一番楽しいのは目標を立てて挑戦すること」
※2　アメリカの心理学者アブラハム・マズローが、「人間は自己実現に向かって絶えず成長する」と仮定し、人間の欲求を五段階の階層（生理的欲求・安全欲求・社会的欲求・承認欲求・自己実現欲求）で理論化したもの。
※3　相手の論や説の誤りを論じて攻撃すること。
※4　「Virtual Reality」の略、「仮想現実」
※5　ヒューマノイドロボット（人間型ロボット）の一種。ギリシア語の andrós（人間、男性）と～oid（～のようなもの）の合成語。
※6　電流を流すと白熱電球では光を、真空管では熱電子を放射する細い金属線。
※7　提唱者は『失敗学のすすめ』の著者・畑村洋太郎氏（二〇〇五年）。失敗を①織り込み済みの失敗、②結果としての失敗、③回避可能だった失敗、の三種に分類している。
※8　「丁寧な遅い仕事より、たとえ下手でも速い仕事のほうが良い」という意。
※9　ＳＤＧｓ：二〇一五年九月に行われた国連サミットで、加盟一九三か国が二〇三〇年をゴールとして採択した17の目標（総務省ＨＰ参照）。
※10　ＯＤＡ（Official Development Assistance：政府開発援助）：国際協力活動の公的資金。
※11　二〇二二年ＦＩＦＡワールドカップ（カタール大会）。

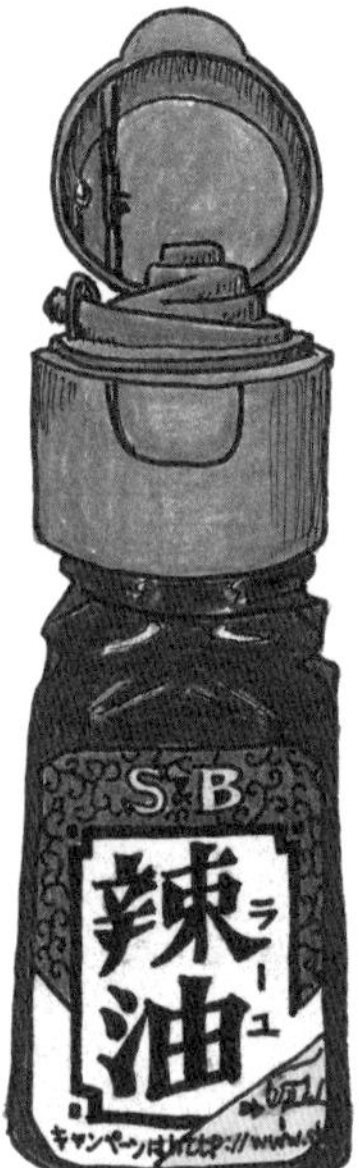

辣油（ラー油）
2000年

おわりに

本書は著者が二〇一三年から二〇二二年まで月刊クリンネス（イカリ環境事業グループ発行）に連載した文章に加筆・修正し再編集したものです。十年間にわたる連載のため、内容的に少し時差を感じる部分もあると思いますが、ご容赦ください。

また、著者は食品業界を活躍の場としましたが、掲載誌が主に食品業界に対して配布されるものであったため、敢えて食品に関わる記述を避けて書かせていただいています。

本書が、商品開発やマーケティングに関わる人々はもとより、業種や職種にかかわらず、あらゆる読者のみなさんのお役に立てることを願ってやみません。

謝　意

本書を出版するにあたり、「カレーの王子さま」「本生おろしわさび」などの商品開発責任者であるという表記を快諾いただいたこと、また、三十二年以上もの長きにわたり商品開発者として働かせていただき、その間、数多くのヒット商品を手掛けるチャンスを与えてくれたエスビー食品株式会社に深く感謝いたします。またその間、厳しくも優しく見守り導いてくれた上司、故依田正人氏と故海野祐造氏に、私のわがままに振り回されながらも、「より良いものを作ろう」と、一緒に苦労してくれた多くの同僚や部下たちに、私の作り上げたブランドをリニューアルし続けてロングセラー化してくれた後輩たちに、さらに生産工場や原料・資材の供給会社などで、私の仕事に関わり無理なお願いにも快く協力してくださった全ての方々に対して感謝の意を表します。

また、文章を書けるかどうかもわからない技術系の私に、本書のもととなる連載執筆を依頼し、途中で挫けそうになる私を十年間励まし続け、導いてくださった関場証子さん（一般財団法人環境文化創造研究所クリンネス編集室の元室長）には言葉では表せないくらい感謝しています。

明治大学農学部時代にはマーケティングを学ぶことができなかった私に、定年退職のご報告をした際に、「学生と一緒の教室でよければ聴きにおいでよ」と母校商学部の「広告論」の授業にお誘いくださり、そこから八年間にわたり「広告論」「インダストリアル・マーケティング論」を通してマーケティングの基礎をご教授くださり、さらに、明治大学リバティアカデミーでの企画講座開設への推薦までしてくださった大友純先生（明治大学商学部元教授）に深く感謝の意を表します。さらに、東京農業大学短期大学部の教壇に立つチャンスをくださり、また、オープンカレッジへの企画講座開設を勧めてくださった久保田紀久枝先生（お茶の水女子大学名誉教授）にも、現役時代には日本加工わさび協会と日本からし協同組合の事務局の立場から、退職後は日本食糧新聞社の副社長として何かと気にかけ便宜を図ってくださった故服部博氏にも感謝の意を表します。

最後になりますが「人生は一度きり、できるときにできることをしなさい」と、本書の出版に快く賛成してくれた妻と三人の子どもたちに、毎日我が家に来ては、ちびっこギャングのように遊びまわり、人生の楽しさや豊かさを感じさせてくれる孫たちに、この場を借りて感謝の意を表したいと思います。

参考文献

『価値づくりマーケティング』上原征彦／大友純著　二〇一四年　丸善出版
『アイデアは才能では生まれない』美崎栄一郎編著　二〇一二年　日本経済新聞出版社
『モノづくりで150億円を生む独創発想術』中西幹育著　二〇〇七年　プレジデント社
『アイデアのつくり方』ジェームス・W・ヤング著　今井茂雄訳
一九八八年　阪急コミュニケーションズ
『発想法 創造性開発のために』川喜田二郎著　一九六七年　中公新書
『知的生産の技術』梅棹忠夫著　一九六九年　岩波新書
『思考は現実化する』ナポレオン・ヒル著　田中孝顕訳　一九九〇年　騎虎書房
『「原因」と「結果」の法則』ジェームズ・アレン著　坂本貢一訳
二〇〇三年　サンマーク出版
『ガルシアへの手紙』エルバート・ハバード著　ハイブロー武蔵訳
二〇〇一年　総合法令出版
『失敗学のすすめ』畑村洋太郎著　二〇〇〇年　講談社
『USPユニーク・セリング・プロポジション 売上に直結させる絶対不変の法則』
ロッサー・リーブス著　加藤洋一監訳　近藤隆文訳　二〇一二年　海と月社

『アインシュタイン150の言葉』アインシュタイン著　ジェリー・メイヤー／ジョン・P・ホームズ編　ディスカヴァー21編集部訳　一九九七年　ディスカヴァー・トゥエンティワン
『「誰でもできるけれど、ごくわずかな人しか実行していない成功の法則」』ジム・ドノヴァン著　桜田直美訳　二〇〇〇年　ディスカヴァー・トゥエンティワン
『快人エジソン 奇才は21世紀に甦る』浜田和幸著　一九九六年　日経BPマーケティング
『壁を破る発想法』佐藤満著　二〇〇三年　日経BP社
『説得力 敵を味方にする法』ロバート・コンクリン著　柳平彬訳　一九八〇年　PHP研究所
『世界を変えた素人発明家』志村幸雄著　二〇一二年　日経BPマーケティング
『本田宗一郎 男の幸福論』梶原一明著　一九八五年　PHP文庫
『人生心得帖』松下幸之助著　二〇〇一年　PHP文庫
『新逆転の発想（上巻・下巻）』糸川英夫著　一九九一年　PHP研究所
『「考え方」の考え方 すぐれた企画は30秒で伝わる』指南役著　二〇〇八年　大和書房
『思考のチカラをつくる本 判断力・先見力・知的生産力の高め方から、思考の整理、アイデアのつくり方まで』白取春彦著　二〇一四年　三笠書房
『ヒットの正体』山本康博著　二〇一四年　日本実業出版社

『独自性の発見』ジャック・トラウト／スティーブ・リヴキン著
吉田利子訳　二〇一一年　海と月社
『アイディアを10倍生む考える力』齋藤孝著　二〇〇九年　だいわ文庫
『逆転の人生法則　目からウロコが落ちる87の視点』川北義則著　一九九九年　PHP文庫
『スティーブ・ジョブズ名語録　人生に革命を起こす96の言葉』桑原晃弥著
二〇一〇年　PHP文庫
『イノベーション思考法』黒川清著　二〇〇八年　PHP新書
『しごとが面白くなる　平賀源内　江戸のベンチャービジネスマンの失敗に学ぶ』
糸川英夫著　一九八八年　ダイヤモンド社
『すばらしい思考法　誰も思いつかないアイデアを生む』マイケル・マハルコ著
花田知恵訳　二〇〇五年　PHP研究所
『なぜか買ってしまうマーケティングの心理学』重田修治著　二〇〇二年
アスカ・エフ・プロダクツ
『感動力　あなたの人生に「ドラマ」を生みだす7つの魔法』平野秀典著
二〇〇四年　ゴマブックス
『知的生産力を鍛える！「読む・考える・書く」技術　あなたのアウトプット力を
飛躍させる50の方法』午堂登紀雄著　二〇一〇年　ダイヤモンド社
『「ひらめき力」の育て方　だれも思いつかない、だからビッグビジネスになる』

『発想力の全技法 発見する眼、探究する脳のつくり方』三谷宏治著　二〇一五年　ＰＨＰ文庫
『本質をつかむ思考法 正解のない問いに最善の答えを出す方法』伊藤真著　二〇一〇年　ＫＡＤＯＫＡＷＡ／中経出版
『わたしたち消費 カーニヴァル化する社会の巨大ビジネス』鈴木謙介／電通消費者研究センター著　二〇〇七年　幻冬舎新書
『すべてはネーミング』岩永嘉弘著　二〇〇二年　光文社新書
『ブランド広告』内田東著　二〇〇二年　光文社新書
『着眼力 急所を見抜き、本質をつかむ』伊吹卓著　一九八六年　ＰＨＰ文庫
『図解で身につく！　ドラッカーの理論』久恒啓一著　二〇一〇年　中経の文庫
『すべては心理学で解決できる』フォルカー・キッツ／マヌエル・トゥッシュ著　柴田さとみ訳　二〇一四年　サンマーク出版
『発想をカタチにする技術』吉田照幸著　二〇一三年　日本実業出版社
『発想の種 IMAGINE［育成編］』川崎健二／茂木健一郎編著　二〇一四年　講談社
『「失敗」を「お金」に変える技術 すべての人にチャンスが与えられた時代の必須スキル』稲村徹也著　二〇一八年　きずな出版

『マッキンゼー流 入社1年目 問題解決の教科書』大嶋祥誉著 二〇一三年 ソフトバンククリエイティブ
『思考力』外山滋比古著 二〇一三年 さくら舎
『ビジネス名言海 トップ160人に学ぶ創造の経営学』牧野昇監修 香都有穂著 一九九四年 ライブ出版
『自助論』サミュエル・スマイルズ著 竹内均訳 二〇〇二年 知的生きかた文庫
『現代語訳 学問のすすめ』福澤諭吉著 齋藤孝訳 二〇〇九年 筑摩書房
『努力論』幸田露伴著 一九四〇年 岩波文庫
『若き商人への手紙』ベンジャミン・フランクリン著 ハイブロー武蔵訳 二〇〇四年 総合法令出版

著者プロフィール

H・B 山越（エイチ・ビー やまこし）

本名：高橋 和良（たかはし まさよし）
1953年生まれ、東京都出身。
都立小山台高校卒業、明治大学農学部を首席で卒業後、エスビー食品株式会社の商品開発部門で32年以上にわたって活躍。その間に開発責任者として「カレーの王子さま」「本生おろしわさび」「味付塩こしょう」など数多くのヒット商品を手掛けた。2014年より人間環境大学、東京農業大学短期大学部の非常勤講師を務め、現在は東京栄養食糧専門学校非常勤講師、商品開発アドバイザーとして企業の技術顧問を務める傍ら、明治大学、神奈川大学、東京農業大学でのセミナー講師を務める。

本文イラスト／高橋 和良

各章末のイラストは、著者が開発した商品と発売年度です。

「カレーの王子さま」開発責任者から若き開発者への手紙
～ヒットのためのヒント集～

2023年12月15日　初版第１刷発行

著　者　H・B 山越
発行者　瓜谷 綱延
発行所　株式会社文芸社
〒160-0022 東京都新宿区新宿１－10－１
電話 03-5369-3060（代表）
03-5369-2299（販売）

印刷所　神谷印刷株式会社

ISBN978-4-286-24619-2